하나님을 사랑한 사상가 10인

IVP(InterVarsity Press)는
캠퍼스와 세상 속의 하나님 나라 운동을 지향하는
IVF(InterVarsity Christian Fellowship)의 출판부로
생각하는 그리스도인을 위한 문서 운동을 실천합니다.

ⓒ 1990 Alister E. McGrath
Originally published in English as
A Clouds of Witnesses: Ten Great Christian Thinkers
by Inter-Varsity Press, London, England, United Kingdom.
All rights reserved.

This Korean translation edition ⓒ 1992, 2021 by Korea InterVarsity Press
156-10 Donggyo-ro, Mapo-gu, Seoul 04031, Republic of Korea.
This Korean edition is published by arrangement of Inter-Varsity Press
through rMaeng2, Seoul, Republic of Korea.

이 한국어판의 저작권은 알맹2를 통하여
IVP UK와 독점 계약한 IVP에 있습니다.
신 저작권법에 의하여 한국 내에서 보호받는 저작물이므로
무단 전재와 무단 복제를 금합니다.

알리스터 맥그래스
신재구 옮김

하나님을 사랑한 사상가 10인

IVP

차례

저자 서문 • 7

1장 아타나시우스 • 19
그리스도의 신성

2장 히포의 아우구스티누스 • 35
하나님의 은혜

3장 캔터베리의 안셀무스 • 61
그리스도의 죽음

4장 토마스 아퀴나스 • 77
신앙과 이성

5장 마르틴 루터 I • 97
신앙과 경험

6장 마르틴 루터 II • 117
죄인의 칭의

7장   울리히 츠빙글리 · 135
          예수를 기억하라

8장   장 칼뱅 · 153
          하나님을 아는 지식

9장   조나단 에드워즈 · 171
          현대 문화의 도전

10장   칼 바르트 · 191
          하나님은 하나님이시므로

11장   C. S. 루이스 · 211
          하나님을 향한 갈망

독자를 위한 제언 · 233
참고 도서 · 237

일러두기
이 책은 『위대한 기독교 사상가 10인』의 장정과 편집을 새롭게 하여 출간한 개정판 도서입니다.

저자 서문

대부분의 그리스도인이 역사와 신학을 자신과는 무관한 것으로 본다. 그들은 신앙에 대한 이해를 깊게 하기 위해 해야 할 일은 성경 읽기뿐이라고 말한다. 역사나 신학 따위를 공부할 필요가 없다는 것이다. 과거의 일에 대해 머리를 싸매고 고심하지 않더라도 현재 우리가 안고 있는 문제가 산더미 같다는 것이다. 그렇다면 지나간 역사 속에서 위대한 인물로 나타났던 기독교 사상가들을 살펴보는 것은 과연 어떤 의미일까?

위에서 말한 관점에 대해서는 할 말이 무척 많다는 사실을 인정해야겠다. 사실 우리의 신앙심을 깊게 할 수 있는 최선의 길은 성경을 읽는 것이다. 수없이 많은 저자들이 성경의 한 부분을 놓고 그것을 어떻게 읽어야 하는가에 대해 주석을 했지만, 그렇다고 그 부분에 대한 사람들의 관심이 조금이라도 줄어든 것은 아니다. 아닌 게 아니라 다시 한번 돌아와서 읽을 때마다 뭔가 새로운 것을 발견한다. 전에 미처 주목해 보지 못했던 것을 발견하는 것이다. 그러나 모든 책이 다 그런 것은 아니다.

나는 네덜란드 우트레히트의 한 교외 시골집에서 5주 정도 머문 적이 있다. 당시 나는 네덜란드어를 못했기 때문에(부끄럽지만 사실 지금도 네덜란드어를 못한다) 그 집에서 영국 소설책 몇 권을 발견하고 얼마나 반가웠는지 모른다. 게다가 그 몇 권의 소설 말고는 읽을 만한 것이 전혀 없었기 때문에 나는 그것들을 몇 번씩 읽었던 기억이 난다. 사실 인제 와서 말이지만 세 번째 읽으려고 그 책들을 집어 들었을 때는 좀 지루하다는 생각이 들었다. 그러나 성경책은 다르다. 몇 번씩 읽어 가노라면 본문에 익숙해지고, 본문에 나오는 말들과 그 말들이 그려 놓는 영상들이 뇌리에 익숙해져 감에 따라 점점 더 많은 것을 발견하게 된다. 곧 그 말들의 깊이와 다양한 뜻을 깨닫게 된다. 그것은 예로부터 이름난 대가의 그림을 보는 것과 비슷하다. 그 그림의 주요한 특징들을 잘 알고 난 다음에야 비로소 그 작품의 여러 가지 정밀 묘사를 보게 되는 이치와 흡사하다 하겠다. 그러면서 우리는 그 그림을 더 깊이 음미하게 된다. 지난번에 무심코 지나친 것들을 발견하게 되는 것이다.

그렇다면 성경만 놓고 읽으면 될 일이지 왜 성경 이외의 다른 책들에 대해 관심을 가지는가? 물론 성경 한 권이면 완전히 자족한다고 할 사람들이 있을 것이다(당신이 이미 보통 사람들보다 더 신학적 사고를 하는 사람이라면, 성경은 적어도 필수적인 문제들에 대해서는 충분한 답을 주는 책이라고 생각할 것이다). 다음과 같은 상황을 상상해 보는 것이 도움이 될지 모르겠다. 당신이 몇몇 사람과 함께 성경을 공부한다고 가정해 보자. 모두 똑같은 성경 구절을 보고 있다. 그런데 그중 한 사람이 당신이 전에 전혀 생각지도 못한 것을 그 본문에서 끄집어낸다. 잘 알고 있던 내용이라도 새로운 깨달음이 섬광같이 번뜩인다. 혹 다른 친구는 당신이 그때까지 꿈에도 생각하지 못했던 방식으로 성경 구절을 해석하는 법을 들고나올 수도 있다.

그러한 상황을 접하고 나서야 우리는 '이걸 나 혼자서 봤더라면 저런 관점들은 분명 놓쳤겠구나!' 하고 깨닫는다. 따라서 성경의 풍부한 진리는 여럿이 서로 자극을 주고받으며 배우려 할 때 가장 잘 터득할 수 있다고 생각한다.

즉 그룹으로 공부할 때 어떤 사람이 한 본문과 관련해 어떤 것이 특별히 어려운 문제인가를 얘기하면 누군가가 그 문제의 답이 될 만한 설명을 해 주거나 그 문제를 푸는 데 도움이 될 만한 시각을 제공해 줄지도 모른다. 그러한 그룹 연구가 얼마나 유용한지에 대해서는 충분히 짐작할 수 있다. 우리는 대부분 그런 경험을 해 보았다. 다른 사람들의 성경 이해는 우리가 성경을 보는 데 도움을 주고 우리의 신앙심을 깊게 하는 데도 도움을 준다. 이런 점에서 이 책은 당신이 기독교 신앙의 핵심 부분들에 대해 생각하려 할 때, 훌륭한 벗들이 있는 곳으로 당신을 초대할 것이다.

과거의 위대한 기독교 사상가들에 관하여 읽어 보는 것은 훌륭한 성경 공부 모임에 참석하는 것과 비슷하다. 그들은 당신이 이전에 까다롭다고 느낀 문제들을 꿰뚫어 보도록 도움을 줄 것이다. 그들은 이미 잘 알고 있는 성경 구절을 새로운 시각에서 볼 수 있게 한다. 그들은 간증을 토하여 우리를 감동시킨다. 우리가 곧 주목할 사람들 중에서 어떤 이들의 회심담은 무척 아름답기 때문이다. 그들은 당신의 사고를 확장해 줄 것이다. 그로 말미암아 언젠가는 꼭 짚고 넘어가야 할 중요한 질문들과 씨름하도록 할 것이다. 그러한 질문들에 대해 위대한 사상가들이 참여해 벌이는 고전적 토론회 자리에 초대받는 것보다 더 좋은 기회가 있을까?

우리 대부분은 어떤 성경 구절의 의미를 알기 위해 성경 주석을 살펴보지만 그것도 가끔 들여다보는 것이 고작이며, 때로는 그 주석과 약간 다르게 말하고 있는 다른 주석이 어떤 관계에 있는가를 생각해 보는 정도다. 그러나 이 책에서 다룰 저술가 가운데 한 사람인 칼 바르트Karl Barth는 조직신학서도 넓은 의미의 성경 주석으로 보아야 한다고 말한다. 예를 들어, 삼위일체론은 하나님에 관하여 말하는 성경 구절들 속에 담긴 풍부한 진리들을 한데 모아 둔 것으로서, 그 각 구절이 서로 어떻게 연관되는가를 보여 준다. 다시 말해 신학(여기서 말하는 '신학'은 원문의 'theology'를 번역한 것인데, 신학 연구의 한 갈래로서 'theology'라고 할 때는 조직신학Systematic Theology을 뜻한다. 여기서는 조직신학의 의미로 쓰였다. 이하 몇 문장에서 계속 'theology'를 '신학'으로 번역했으나 '조직신학'의 의미로 이해하면 더 뜻이 분명할 것이다 – 옮긴이)은 여러 갈래로 나뉜 실 가닥들을 잘 엮어 한 폭의 옷감을 만들어 내는 작업과 같다. 즉 성경이 주요 주제들에 대해 여러 부분에서 여러 가지로 말하는 것을 종합해 봄으로써 이 말씀들이 어떻게 하나의 일관된 진리를 형성하는가를 보여 주는 것이다.

그러므로 신학에 관심을 갖는다고 해서 성경을 '순수'하게 공부하려는 자발적 관심이 결코 위축되지는 않을 것이다. 오히려 다양한 성경 구절들이 서로 어떻게 연관되는가를 깊이 생각할 수 있기 때문에 성경에 대한 지식과 이해가 깊어지는 기회가 된다. 어떤 주제에 대해 성경 구절 하나를 인용함으로써 그 주제에 대한 기독교의 전체 가르침을 요약할 수 있다는 생각은 지극히 비현실적이다.

예를 들어, 예수 그리스도의 죽음의 의미와 타당성에 대해 성경적 가르침을 요약하라고 할 때 도대체 어느 구절을 뽑아낼 수 있겠는가? 그 주제와 관련된 풍부한 성경의 진리를 온전히 헤아리기 위해서는 여러 부분에서 여러 가지 말씀을 총체적으로 모아야 한다. 즉 신학은 어떤 주제에 관련된 모든 자료를 종합해 일관성 있는 뜻을 전달하려는 하나의 시도다.

신학은 성경 말씀을 하나로 통합한다. 다시 말하면, 어떤 주제에 대한 성경의 여러 서술을 하나로 묶어 주면서 동시에 그 속에 있는 공통 유형이 무엇인가를 보여 준다. 그것은 또한 성경 구절들 가운데 면면히 흐르는 통합적인 큰 주제들이 무엇인가를 알게 하며, 어느 특정 성경 본문이 그러한 주제를 어떻게 함축하고 있는지를 보여 준다. 신학자라면, 성경을 떠나 자기 이야기를 하는 삶이어서는 안 되고 오히려 말씀에 탐닉하여 성경이 담고 있는 공통 주제와 유형이 무엇인가를 발견하는 사람이어야 한다.

우리 모두 자신의 신앙에 대해 생각해 보는 때가 종종 있다. 당신은 최근 어떤 사람에게 당신의 신앙에 대해 설명하며 신앙이 무엇인가를 좀더 잘 알고 싶다고 생각했을지도 모른다. 일단 한 번쯤 혼자서라도 깊이 생각해 본 것을 누구에게 설명할 때는 그것이 훨씬 쉽게 느껴진다. 또 당신은 신앙의 어느 한 부분을 더 잘 이해하고 싶어 할지도 모른다. 예를 들면, '예수 그리스도의 죽음과 부활의 의미를 설명하는 가장 좋은 방법은 무엇일까'라는 질문을 하고 있을지 모른다. 만일 그렇다면 모르긴 해도 다음과 같이 생각했을 것이다. '내가 이 문제에 대해 깊이 생각한 최초의 사람은 분명 아닐 텐데. 분명 이런 문제들과 씨름해 온 다른 사람들이 있을 거야.' 이렇게 되면 곧 다음의 질문을 하고 있는 자신을 발견할 것이다. '그들이 제시한 설명이 오늘날에도 가치 있는 것이라면, 그들은 과연 어떤 대답을 했을까?'

이와 같은 당신의 의문은 분명 터무니없는 것이 아니다. 사실 오늘날의 그리스도인들이 접하는 질문들은 **새로운** 것이 거의 없다고 해도 틀린 말이 아니다. 오늘날 그리스도인들이 직면한 질문들과 그와 연관된 질문들은 대부분 과거의 그리스도인들이 직면했던 것들이다. 그렇기 때문에 과거 다른 그리스도인들이 제시한 답변들 가운데 어떤 것은 오늘날에도 크게 도움이 된다. 그래서 이 책을 통해 나는 그러한 몇 가지 질문들에 대해 제시된 고전적인 답변을 소개하려 한다. 그 답변은 당신이 그 문제를 생각해 보려 할 때 자극과 도움을 줄 것이다. 당신은 이 책을 읽음으로써 기독교 신앙의 몇 가지 중심 주제를 훌륭한 토론자들과 함께 생각해 볼 수 있을 것이다. 이 책을 읽으며 칼뱅^{John Calvin}이나 루이스^{C. S. Lewis} 같은 이들의 사상을 통해 당신의 사고에 자극이 일어나기를 바라며 또 그들을 통해 배울 수 있기를 바란다. 그들의 사상은 당신이 관련 주제들에 대해 생각할 때 이정표 혹은 준거점이 되어 줄 것이다. 그 결과 당신의 사고는 더욱 깊어질 것이다. 당신의 생각일지라도 이미 그 권위를 인정받은 사람들 역시 그렇게 생각했다는 표시로서 그들의 글을 전거^{典據} 자료로 덧붙인다면 당신의 주장은 더 큰 신뢰를 받게 될 것이다. 즉 '루이스는 다음과 같이 그의 논점을 말한다…'라든가 '마르틴 루터^{Martin Luther}에 의하면…' 하는 식으로 인용해 주는 것은 '저의 생각으로는…'이라고 사견을 내놓는 것보다 훨씬 더 인상적으로 들린다.

때때로 우리는 기억에 남을 만한 인용구를 삽입함으로써 어떤 주제에 새로운 시각을 더하거나 아주 정확하게 요점을 제시할 수 있다. 또는 이전에 미처 생각해 보지도 못한 논점을 접하고 매우 흥분하기도 한다. 그런 것들이 있을 때 그것을 혼자만 알고 있으면 안 될 것이다. 따라서 이 책의 목적은 현대 그리스도인들에게 지속적 유용성을 가진 기독교 신앙의 몇 가지 중요한 자료를 일반인들에게 알리는 것이다. 만약 이 책의 내용 중 어떤 것이 도움이 된다고 생각한다면 당신의 친구들에게도 전해 주기를 바란다.

신약성경은 우리가 믿음 안에서 자라야 함을 자주 강조한다. 갓난아기가 젖을 떼기 전까지 젖을 먹어야 하는 것처럼^{고전 3:2; 히 5:12; 벧전 2:2}, 갓 믿기 시작한 그리스도인들도 자신의 믿음에 관한 몇 가지 기본 원리들을 알 필요가 있다. 그러나 어린 그리스도인들은 영적으로 자라 감에 따라 계속 진보해야 한다. 젖을 뗀 아기가 계속 자라려면 단단한 음식을 먹을 줄도 알아야 하듯이(사실 반드시 그래야 한다), 바로 당신도 기독교에 관한 아주 기초적인 사실들을 아는 것에서 더 나아가야 한다. "그러므로 우리가 그리스도의 도의 초보를 버리고 죽은 행실을 회개함과 하나님께 대한 신앙과…완전한 데로 나아갈지니라"^{히 6:1-2}. 그러나 모든 사람이 그들이 가진 신앙에서 더 깊이 나아갈 필요는 없을 뿐 아니라 누구나 다 그럴 수 있는 것도 아니다. 어떤 이들은 그럴 만한 시간이 없고 또 어떤 이들은 그들의 신앙에 대해 깊이 생각해 볼 만한 지적 능력이 부족하기 때문이다. 그러나 만일 하나님께서 당신에게 그럴 만한 시간과 능력을 주셨다면, 당신은 출석하는 교회나 기독교 공동체에 필요한 중요한 자료 제공자 또는 자문위원이 될 수 있다. 당신은 이미 복음 전도나 하나님에 대한 사상, 그리스도인으로서 세상을 살아가는 법 등과 관련된 몇 가지 핵심 문제들을 숙고했을 것이기 때문이다.

동시에 여기서 강조해 두고 싶은 것은 믿음이 없는 신학은 죽은 신학이며 무용지물이라는 사실이다. 아우구스티누스 Augustine of Hippo 는 언젠가 "믿기 전에는 결코 이해할 수 없다"라고 썼다. 항간의 학문적 신학이 갖는 가장 큰 약점 가운데 하나는 신학을 학문으로서만 다루기 때문에 그리스도인의 삶과 경험에 연관시키지 못한다는 것이다. 그 결과 신학은 기독교의 모든 현실과 마땅히 맺고 있어야 할 중요한 이음매를 상실한 채 머물게 되었다. 많은 그리스도인이 신학을 불신하는 까닭도 신학을 하는 이들이 복음에 대해 최소한의 관심마저 갖고 있지 못하다는 것을 잘 알고 있기 때문이다. 그런 태도가 그와 같은 신학자들에 대한 비판으로서는 절대적으로 옳은 것이겠지만 신학 자체를 그런 눈으로 보아서는 안 된다.

안셀무스 Anselm of Canterbury 는 11세기에 쓴 그의 글에서 "믿음은 이해를 추구한다"고 했다. 즉 한 개인이 일단 믿음을 갖고 나면, 이미 믿은 것을 이해하려는 자연스러운 욕망이 생기기 마련이라는 것이다. 사실 믿음이란 가르쳐서 생기는 것이기보다는 무엇에 사로잡히는 것이다. 그러나 일단 사로잡힌 다음 그것은 발전되어야 한다. 그런데 믿음이 자라고 성숙해 가려면 지적인 근력이 필요하다.

믿음은 철근으로 보강한 콘크리트와 같다. 철근을 넣어 보강한 콘크리트는 엄청나게 큰 외부 압력과 충격에도 견디는 내구력이 있어 철근이 들어가지 않은 것보다 훨씬 강하다. 이해를 통해 보강된 믿음은 압력을 받아도 쉽게 허물어지지 않는다. 또한 믿음과 이해는 인체를 구성하는 살과 뼈에 견줄 수 있다. 인체의 뼈대가 살덩이를 떠받치며 일정한 모양과 힘을 유지할 수 있게 하는 것처럼, 이해는 그리스도인의 경험에 이론적 기반과 틀을 제공한다. 그러므로 신학을 공부하는 것은 보디빌딩을 위한 체조나 장거리 달리기를 위한 훈련과 비슷하다. 신학을 통해 당신은 그리스도인의 삶에 필요한 골격을 갖추게 된다.

어떤 책이든 그 책이 겨냥하는 독자층이 있기 마련인데, 우선 이 책은 이미 각 장에서 다루게 될 내용을 잘 알고 있을 뿐 아니라 참고 도서로 선별한 책들까지 거의 다 읽어 본 신학도를 위한 것이 아니다. 또 이 책은 이 분야와 관련된 과목을 수강하는 대학생이 시험 준비를 하는 데 필요한 전문성이나 깊이가 있는 것도 아니다. 그런 목적을 가진 사람들은 이 책을 읽을 필요가 없다. 이 책이 겨냥한 독자층이 있다면, 신학 **지망생** 또는 자신의 신앙을 더 깊이 이해하고 기독교 사상의 몇 가지 주요 영역을 숙고해 보고자 하는 이들이다. 이 책에서 다룬 내용이 간단하고 무겁지 않기 때문에 그런 독자들이 신학 개념과 논쟁을 무리 없이 **감당할 수 있을 것이다**. 더불어 이 책의 목적은 한편으로는 신학에 대한 독자들의 관심을 자극하고 다른 한편으로는 신학에 대해 독자들이 갖는 두려움을 덜어 주는 데 있다. 당신이 지금까지 들은 모든 이야기를 무시하고

라도 신학은 **흥미로울** 수 있고 당신의 신앙과 **관련될** 수도 있으려니와 신앙인 개개인에게든 어떤 신앙 공동체에게든 영적 성장에 **도움이 될** 수 있다.

그런데 신학을 어디서부터 시작해야 할까? 또 어떤 사람들의 글을 읽어야 할까? 결국 신학을 할 때 우리는 때로는 따분한 글들, 다시 말해 쉽게 읽을 수 없을 뿐 아니라 무책임하게 쓰였거나 도대체 말도 안 되는 글을 접하기도 하기 때문이다. 그런 상황에서는 반드시 어디서부터 시작해야 하는지 가르쳐 줄 안내자가 필요하다. 대학에서 신학을 가르치는 선생으로서 나는 학생들이 적합하지 않은 책을 갖고 씨름하다가 결국 신학이라는 과목과 아예 담을 쌓는 것을 너무도 자주 봐 왔기 때문에 안타까움을 금할 수 없다. 첫인상이 뒷날의 태도를 결정하므로 중요하다 하겠다. 신학에 관한 책을 계속 읽도록 자극하기 위해 나는 옥스퍼드 대학의 학생들이 보여 준 관심도에 근거해 가장 많은 시선이 쏠렸던 사상가들을 선정했다.

이 책을 읽으면서 당신은 기독교 사상가 10인이 제시하는 사상 중 몇몇을 살펴볼 수 있을 것이다. 또한 그들이 어떤 시대를 어떻게 살다 갔는가에 대해 서술한 것을 읽을 때 그들이 단순히 사상의 전달자일 뿐 아니라 생활인이었음을 깨닫게 될 것이다(하지만 때때로 어떤 사상가들은, 예를 들어 아타나시우스^{Athanasius}나 안셀무스 같은 이들은 주로 그들의 사상 때문에 선정된 것이어서 그들의 일생에 대한 서술은 빈약한 편이다). 이 책에 나오는 사람들 모두 죽은 사람들이지만, 그들은 지금도 우리에게 말하고 있다. 그들은 기독교 신앙에 대해 "구름같이 둘러싼 허다한 증인들"히 12:1이다. 그들 가운데는 다른 사람들보다 신뢰감이 덜 가는 사람도 있다. 하지만 여기 소개된 사람들 모두 중요한 사상가이며 흥미로운 사람이라는 점은 틀림이 없다. 그러므로 그들의 생애와 사상에 대해 읽을 때 당신은 그리스도인으로서 지적 성숙을 꾀할 수 있다. 그들의 사상과 접근 방식들이 우리의 신앙을 이해하는 데 도움을 주는 것과 마찬가지로, 그들이 어떻게 복음을 증거했는가를 봄으로써 우리는 같은 복음을 어떻게 증거할 것인지를 생각하는 데 도움을 얻을 수 있다.

각 장 모두 한 번에 읽을 수 있을 만큼의 분량으로 썼으며, 각 장에서 다루는 사상가나 그들의 사상에 대해 거의 모르는 사람들을 염두에 두고 썼다. 10인 모두의 사상을 소개하는 것은 그중 몇 사람—물론 그들 모두가 그러하기를 바라지만—이라도 독자들에게 도움이 되기를 바라기 때문이다. 이 책은 그들의 사상을 맛보이는 역할을 할 것이다. 소개된 각 사상가는 기독교 신앙의 여러 영역을 조명한다. 어떤 이들에게는 은혜와 죄에 대하여, 또 어떤 이들에게는 그리스도의 죽음의 의미에 대하여, 또 어떤 이들에게는 신앙과 이성의 관계에 대하여 생각할 수 있도록 자극할 것이다.

각 장 끝에는 더 읽어 볼 책들을 참고 도서 목록으로 두어 그 사상가와 그의 사상에 대해 더 알고 싶을 때 무엇을 보아야 할지 빠짐없이 밝혔다. 또 최근에 쓰인 책으로는 어떤 것들이 있는지를 밝혀 그 사람에 대해 더 알고 싶은 독자에게 도움이 되게 했으며, 관련 주제에 대해서는 어떤 쟁점들이 제기되고 있는가를 더 생각해 볼 수 있게 했다. 소개된 사상가 중 대부분—특히 더 최근의 사람일수록—이 많은 작품을 남겼기 때문에 그들을 알기 위해 어느 책부터 읽는 것이 좋은가를 아는 것은 반드시 필요하다.

끝으로 이 책은 시작하는 단계로 이끌어 줄 뿐이라는 사실을 기억해야 한다. 이 책은 맛보이는 정도의 일, 즉 독자로 하여금 생각하게 하고 더욱 알고자 하는 욕구를 불러일으킨다면 그 목표를 달성한 것이라고 생각한다. 이 책은 문을 열어 주고 그 안에 무엇이 있는지를 보게 해 주는 역할로 족하다. 따라서 당신이 더 심각하게 생각해서 그 문을 열고 들어가 그 안에 있는 것들을 더 주의 기울여 살펴보려고 한다면 이 책이 할 바는 다한 셈이 될 것이다. 마지막 부분에서는 신학이 책임 있는 개인과 신앙 공동체에 제공하는 풍부함과 보답을 발견하기 위해 현 위치에서 어디로 나아가야 할지에 대해 안내한다. 신학이 문자 그대로 '하나님에 대한 이야기'(희랍어 어원이 뜻하는 바대로)라고 한다면, 그리스도인에게 신학보다 보람 있고 꼭 한 번 해 볼 만한 학문은 없다.

옥스퍼드에서 알리스터 맥그래스

1장

아타나시우스

그리스도의 신성

하나님께서는 우리가
하나님과 같이 되도록 하기 위해
사람이 되셨다.

_ 아타나시우스 Athanasius(295?-373)

1세기에 기독교는 지중해 주변에서 폭발적으로 전파되고 있었다. '폭발적'이란 말밖에는 당대의 문명 세계 전역에 그렇게 빠른 속도로 퍼져 가고 있던 기독교의 파급 현상을 서술할 마땅한 표현이 떠오르지 않는다. 기독교가 이렇게 어마어마하게 팽창하게 된 초기의 일들에 관해서는 신약성경을 통해 알 수 있다. 초대 그리스도인들은 자신의 임무를 "땅끝까지 구원"행 13:47을 전하는 것으로 보았다. 그래서 신약 시대인데도 복음은 놀랄 만큼 성공적으로 전파되고 있었다.

팔레스타인을 근원으로 하여 복음은 이렇듯 초대 그리스도인들의 열심 있는 노력을 통해 급속히 전파되었다. 요한계시록에 언급된 일곱 교회계 1:10-11; 2:1-3:22는 오늘날 터키에 해당하는 지역에 있었다. 바울이 쓴 갈라디아서나 에베소서는 그 지역의 신앙 공동체에게 쓴 것이다. 또 바울이 쓴 고린도전후서나 빌립보서, 데살로니가전후서 등은 오늘날의 그리스 지역에 흩어져 있던 기독교 공동체들에게 보낸 편지들이다. 또 그가 로마의 그리스도인들에게 쓴 편지를 읽어 보면 기독교가 부활 사건 이후 어떻게 그렇게 짧은 시간에 로마 제국의 심장부까지 들어갈 수 있었는가를 알 수 있다. 여러 차례에 걸친 바울의 선교 여행이 그와 같은 빠른 확장에 기여했던 것이다. 바울은 지중해의 서쪽 끝에 있는 스페인까지 가서 복음을 증거할 계획이라고 쓸 정도였다.롬 15:24

하지만 바울 말고도 많은 사람들이 복음을 전하고 있었다. 바울이 58년경 로마서를 쓸 때, 그것은 사실 바울 자신이 설립하지 않은 교회에 쓴 편지였다. 그 교회는 이미 바울의 선교 여행 전에 세워진 교회였다. 우리는 정확히 복음이 어떻게 로마에 전파되었는지 모른다. 어떤 사람들은 42년에 베드로가 그곳에 갔다고 말한다. 어쨌든 64년경에는 그리스도인들이 많아진 나머지 로마 당국에서 그들의 존재를 무시할 수 없을 정도였다. 64년에는 네로 황제가 그리스도인들에 대한 대규모의 박해를 자행했다. 아마 이 무렵 베드로와 바울이 로마에서 순교했을 것이다.

기독교는 초창기에 빠른 확장을 보인 만큼 상당한 반대에 직면하며 여러 곳에서 생존을 위한 싸움에 나서지 않을 수 없었다. 교회의 많은 지도자들이 신앙 때문에 순교했다. 아프리카의 카르타고에 근거지를 두었던 3세기의 기독교 사상가 테르툴리아누스 Tertullian는 "순교자의 피는 교회의 씨"라고 썼다. 다시 말해 순교자들의 죽어 가는 모습은 복음이 무엇인가에 주목하게 하며 그 복음이 사람들의 삶에 미치는 영향이 무엇인가에 주목하게 한다는 말이다. 초기의 그리스도인들은 예수 그리스도의 부활을 믿었기 때문에 죽음에 직면해서도 엄청난 용기를 보여 줄 수 있었다. 또 그것을 바라본 사람들은 그들의 죽음의 의미를 알고 있었다. 그러한 복음 증거는 당대에 심각한 영향을 미쳤으며, 그 결과 기독교 신앙 전파에 적잖이 기여했다.

기독교는 칼을 들이댐으로써 전파된 것이 아니다. 사실 초기 몇백 년 동안 로마의 여러 황제나 총독들이 기독교를 말살하려는 정책을 폈으므로 칼은 오히려 그리스도인들을 **박해하는** 수단이었다. 복음이 살아남을 수 있고 그렇게 전파될 수 있었던 것은 단지 복음이 가진 그 자체의 능력 때문이었다. 복음에는 대단히 매력적인 것들이 있는데, 특히 예수의 부활이 그것이다. 어쩌면 그것은 지중해를 둘러싼 지역과 그 밖의 지역에 사는 모든 사람의 두려움과 희망에 적중했던 것 같다. 이러한 복음의 내적 매력으로 인한 호소력은 신자들의 사는 모습으로 인해 한층 돋보였다. 핍박을 참아 내는 인내로 말미암아 주후 3세기 무렵부터는 기독교의 영향력이 무시할 수 없을 정도가 되었다.

4세기 초에는 그 영향력이 로마 제국 전체에 결정적일 만큼 기독교는 중요해졌다. 이렇게 늘어 가는 영향력을 반영이라도 하듯 그 영향력에 힘입은 듯한 사건이 하나 있었다. 바로 급기야 황제 자리에 오른 콘스탄티누스Constantine라는 인물이 회심한 사건이다. 제국의 변경에서 노략질을 일삼던 야만족들의 침략에 맞선 전투(311년 프랑스 지역에서 발발한 전투일 것이다)에 임하기 전에 콘스탄티누스는 어떤 환상을 보게 된다. 전열을 정비하고 있을 때 그는 정오의 태양을 가르는 하늘에 그려진 십자가를 본 것이다. 그 십자가 위에는 '이 표적으로 말미암아 승리하리라'는 글이 새겨져 있었다. 이듬해 봄부터 콘스탄티누스는 기독교로 개종한 것을 공공연히 선포하고 다녔다. 그가 황제 대관식을 위해 그해 10월 로마에 승리의 입성을 할 때, 그는 큰 광장에 십자가를 들고 있는 자신의 동상을 세우도록 했다. 로마의 황제들이 한때 복음을 절멸시키기 위해 싸우던 곳에서 이제 그 복음을 확립하려는 만만치 않은 결의를 상징적으로 보여 준 것이다. 콘스탄티누스의 회심에 힘입어 기독교는 로마 제국의 공식 종교가 되었다.

이렇듯 기독교가 확장되는 모습 속에서 하나님의 움직이는 손을 보는 것은 그리스도인들 누구에게나 그리 어렵지 않은 일이다. 바울은 '때가 찼을 때' 혹은 '때가 차면', 즉 때가 되면 예수 그리스도가 오신다고 말한다엡 1:10. 주후 1세기 전반기는 예수 그리스도에 대한 기쁜 소식이 급속도로 전파되기에 이상적이고 걸맞은 시기였다. 비교적 평화로운 시대였다. 또 이미 훌륭한 무역로가 마련되어 있었고, 어떤 소식이라도 쉽게 전달할 수 있도록 공용어(희랍어)가 쓰이고 있었다. 3차에 걸친 바울의 선교 여행이 성공리에 끝날 수 있었다는 것도 이 세 가지 사실을 충분히 입증한다.

"**희랍어**가 공용어로 쓰였다고 했는데, 이는 아주 배우기 **어려운** 언어가 아닌가?" 많은 이들이 이렇게 질문한다. 하지만 당신이 만약 태어나면서부터 배운 언어가 그것이라면 그렇게 묻지 않았을 것이다. 희랍어가 어렵다면 그것을 처음 대하는 외국인에게 그런 것이며, 생소함을 느낀다면 아무래도 낯설어 보이는 알파벳 때문일 것이다. 사실 현대어 가운데 가장 어려운 언어는 영어로 널리 알려져 있지만 영어를 모국어로 쓰는 사람들에게는 납득하기 어려운 일이 아닌가? 많은 사람들이 영어를 제2의 언어로 배우는 까닭은 무역·외교·문화 활동 등에서 영어가 절대적인 중요성을 갖기 때문인데, 바로 1세기에는 희랍어가 그러한 위치에 있었던 것이다. 그러므로 신약성경은 당시 문명 세계에 사는 대부분의 사람이 이해할 수 있는 언어로 쓰인 것이라고 할 수 있다.

기독교는 예루살렘을 기원지로 해서 북쪽으로, 또 서쪽으로 전파되어 갔으며 오늘날의 터키, 그리스, 이탈리아에 해당하는 지역에서 자리를 잡아 갔다. 또한 동시에 남쪽으로도 내려가고 있었다. 남쪽 방면으로 복음이 확장된 결과 기독교가 확실하게 뿌리 내린 나라 가운데 하나는 이집트였다. 이곳이 바로 콘스탄티누스가 로마 제국의 종교로서 기독교를 확립시킬 무렵인 4세기에 기독교에 관한 큰 논쟁이 벌어졌던 고장이다. 이 논쟁은 아타나시우스와 그의 논적 아리우스^{Arius}를 중심으로 전개되었다. 이것을 역사학에서는 아리우스 논쟁$^{Arian\ controversy}$이라고 부른다. 이 논쟁에서 던져진 질문은 '예수님은 정말 신이었는가?'였다. 예수님은 한 사람의 위대한 인물에 지나지 않았는가, 아니면 정말 하나님으로서 성육신하신 분인가? 도대체 왜 이런 질문을 해야 하는가? 이러한 질문은 역사 속에서 습관적으로 나타났지만, 아리우스 논쟁은 특별히 중요했다. 이 장에서는 당시의 논쟁을 통해 다루어진 몇 가지 주요 쟁점과 그것이 오늘날 가지는 중요성을 살펴보겠다.

기독교 발생 후 초기 몇 세기 동안 당시의 많은 사람을 혼동시킨 지적 질문들은 사람이 어떻게 하나님을 알 수 있느냐는 문제에 집중되었다. 플라톤 사상—당시 가장 중요한 사상 중 하나—에서는 일반적으로 신은 사람들로부터 멀리 떨어져 있으며 알려 해도 알 수 없는 존재라고 가르쳤다. 신은 자신을 보여 줄 수 없으며 멀리 떨어져 초월해 있다는 것이다. 다르게 표현하면, 신은 이 세상과 전적으로 동떨어진 존재라는 것이다. 그러니 도대체 누가 신에 대해 알 수 있으리라 생각했겠는가?

반면 당시의 기독교가 그렇게 매력적이었던 이유 중 하나는 그러한 질문에 대하여 믿을 만한 답을 해 주었기 때문이다. 하나님은 자신을 계시하셨고, 우리에게 말씀하고 계시다고 가르쳤다. 어떤 사람들은 히브리서가 바로 플라톤주의자들에 대한 관심과 우려에서 비롯된 것이라고 본다. 이 편지의 처음 몇 절히 1:1-4을 읽어 보면 기독교가 왜 그러한 사람들에게 그렇게 열광적인 환영을 받았는지 쉽게 짐작할 수 있다. 하나님은 예수 그리스도를 통해 자신을 계시하셨으므로 예수님이 '자기 존재의 정확한 재현'이라고 말씀하셨다. 달리 표현하면, 만일 당신이 하나님이 어떤 분이신지 알고 싶다면 예수님을 바라보라는 것이다. 마찬가지로 바울도 아테네 사람들에게 말할 때 위에서 말한 플라톤주의의 문제를 염두에 두고 있었다. "너희가 알지 못하고 위하는 그것을 내가 너희에게 알게 하리라"행 17:23. 처음에는 이러한 문제가 왜 그렇게 중요하게 여겨졌고 또 왜 그 문제에 대해 사람들이 흥분했는가에 대하여 이해하기가 어려울지 모른다. 사람들은 신에 대해 사고하는 것이 매우 어렵다고 생각했다. 그 결과 고대 철학자들은 (이러한 사정은 현대 철학자들도 마찬가지인데) 신이 어떤 존재인가라는 질문을 놓고 끊임없이 토론을 전개했다. 신은 보이거나 직접 음성을 들을 수 있는 존재가 아니었기 때문에 그에 대하여 신중히 생각하는 것은 어려웠다. 그런데 기독교가 무대에 나타나면서 하나님이 주도권을 쥐고 계시다는 소식을 전한 것이다. 인간들이 신을 찾아 나서기 전에 하나님이 인간을 찾아 이 땅에 오셨다고 선포한 것이다. 그래서 예수 그리스도 안에서 하나님을 찾을 준비가 되어 있는 사람이라면 누구에게든 하나님이 자신을 나타내신다고 했다. "보이지 아니하는 하나님의 형상"골 1:15으로서 예수님은 지금까지 알려지지 않은 사실들 혹은 알려졌다 하더라도 기껏해야 단편적으로나 부분적으로만 알려졌던 사실들을 알려 줄 수 있다고 하셨다.

예수님이, 하나님이 어떤 분이신지 알려 줄 수 있으려면 그는 하나님과 어떤 특별한 관계를 가진 존재여야 한다. 즉 그를 다른 사람들과 구별시키고, 예수님 자신과 예수님이 하나님에 대해 말하는 것에 권위와 중요성을 부여하는 그 무엇이 있어야 한다. 그의 사상은 신에 대해 간접적인 지식을 전달하는 어떤 신문의 종교란 기사 정도에 불과한 것이 아니었다. 신약성경은 예수 안에서 "말씀이 육신이 되어"요 1:14라고 선언했다. 다른 말로 표현하면, 하나님이 인간으로 성육신하셨다는 것이다. 예수님이 하나님에 대하여 무슨 말을 하거나 하나님이 어떤 존재인가를 보여 줄 수 있는 이유는 분명 그 자신이 바로 하나님이기 때문이다. 그러므로 그는 사신이나 대리자가 하듯 하나님에 대한 간접적 정보를 전달할 필요가 없었다. 4세기 초 성육신 교리는 예수님의 정체가 무엇인지 또 그가 왜 중요한지를 이해하는 데 가장 중요한 교리로 널리 수용되고 있었다. 그것은, 예수님은 다름 아닌 하나님 자신이었으나 인간의 모습으로 존재한다는 가르침이었다.

그런데 그러한 가르침은 옳은 것인가? 예수님이 진정 하나님인가? 그는 정말 성육신하신 하나님인가? 어떤 이들은 이와 같은 의

문을 가졌으며, 결과적으로 질문을 제기하기 시작했다. 바로 그 질문을 놓고 4세기에 한 논쟁이 전개되었는데, 그 논쟁을 이끌며 성육신이 꼭 필요했던 것은 아니라는 주장을 폄으로써 문하생을 모은 이가 아리우스였다. 아리우스의 인기는 그의 주장을 지지하는 사람들이 보여 주었는데, 그는 이집트의 선원들(이들을 위해 그는 종교적 주제가 담긴 뱃노래를 지어 주기도 했다)과 젊은 여인들 가운데 많은 추종자를 확보하고 있었다. 아리우스는 신약성경이 예수를 단지 특별히 뛰어난 한 사람의 위인 정도로 본다는 확신을 갖고 있었다. 아리우스에게 예수는 성육신하신 하나님이나 그와 비슷한 존재도 아니었다. 그는 여느 인간과 다름이 없는 하나님의 피조물에 지나지 않았다. 물론 모든 면에서 다른 **모든** 인간과 똑같지는 않다고 생각했다. 예를 들어 그는 모든 하나님의 피조물 가운데 으뜸이신 분이므로 우리보다는 한 수 위라고 생각했다. 그러나 하나님과 피조물을 분리하는 선을 그어 본다면 예수 그리스도는 분명 피조물의 영역에 속한다고 주장했다. 그러나 신약성경이 예수님에 관해 사용한 언어를 보면 그러한 주장이 성경과 일치하지 않음을 분명히 알 수 있다. 예를 들어 신약성경은 예수님을 가리켜 '하나님의 아들'이라고 부른다. 그러나 아리우스에 따르면, 그것은 단지 정중히 대하기 위해 붙인 호칭에 불과하다. 예수님에 대해 말하며 공손하게 부르다 보니 그렇게 되었다는 것이다.

아리우스의 주된 논적은 아타나시우스였다. 그의 생애, 특히 그의 청년기에 대해 알 수 있는 자료는 거의 없다. 정치적 이유로 아타나시우스는 고립되어 지내기도 했으며, 한때는 완전히 고립되어 주변에 교류할 수 있는 사람이 전혀 없이 혼자 지내기도 했던 것 같다. 그는 정적들에게 쫓겨 다니는 신세로 급기야 정치적 유형의 시기를 맞았지만 자신의 주장을 굽힐 수는 없었다. 비록 그 싸움에서 온 세상이 그를 대적할지라도 복음을 수호하는 일에서만은 한 치도 양보할 수 없었다. 그는 줄곧 자기 주장을 고수했고, 결국 그 고투가 헛되지 않음을 보게 되었다. 정치적으로는 고립되어 있었지만 결국 논쟁에서는 이기는 결과를 얻었다. 곧 정치적 회복도 뒤따랐다. 복음을 지키는 일만이 성패를 판가름 지으며 신약성경의 말씀도 우리를 지지한다고 믿을 때, 끝까지 인내하는 것이 얼마나 중요한가를 일깨워 준 이가 바로 아타나시우스다.

그러나 결국 오늘날까지도 중요하게 인식되고 있는 것은 바로 아타나시우스가 이용한 논증들이다. 아리우스 논쟁은 신학생들의 토론, 교회, 집회, 신학자들의 학문적 토론 등에서 끊임없이 재론되는 쟁점이다. 사람들은 성육신 교리를 유행이 지나가 버린 수백 년 전의 한 사상으로서 현대에는 아무짝에도 쓸모없는 옛 사상이라고 생각하지 않고, 그것이 여전히 옳은 것이라는 사실을 재삼 확인하고 싶어 한다. 아타나시우스가 전개한 논증 가운데 두 가지는 특히 중요하다.

첫째, 아타나시우스는 하나님만이 인간을 구원하실 수 있다는 점을 분명히 했다. 즉 하나님 한 분만이 죄의 권세를 깨뜨리고 우리에게 영원한 생명을 주실 수 있다고 말했다. 이 사실을 증명하기 위해 아타나시우스는 위대한 구약 전승을 끌어들인다(예를 들어 사 45:21-22을 보라). 우리가 구원받으려 할 때 말이나 군대, 임금 또는 다른 어떤 세상 권위에 호소한다면 그것은 헛수고일 뿐이며, 오직 구원하시는 이는 하나님 한 분이라는 것이다. 아타나시우스는 이 중요한 전제를 바탕으로 논지를 세워 간다. 즉 어떤 피조물도 다른 피조물을 구원할 수 없고, 조물주만이 그의 피조 세계를 구속할 수 있다는 주장이다.

구원하실 수 있는 분이 하나님 한 분뿐이라는 사실을 강조한 후 아타나시우스는 아리우스 편에서 반격하기 어려운 논리적 선제공격을 편다. 즉 신약성경은 예수님을 구세주로 본다는 것이다. 그러한 제안을 하고 있는 신약의 구절들은 마태복음 1:21(예수님이 자기 백성을 그들의 죄로부터 구원할 것이라고 말한다), 누가복음 2:11(천사들이 성탄을 알렸던 유명한 메시지, "오늘 다윗의 동네에 너희를 위하여 구주가 나셨으니 곧 그리스도 주시니라"), 사도행전 4:12(구원이 예수님을 통하여 온다고 말한다), 히브리서 2:10(예수님을 '구원의 창시자'라고 부른다) 등이다. 이렇듯 신약성경에 따르면, 구원자는 바로 예수님이다. 그런데 아타나시우스가 이미 강조한 바에 따르면, 하나님만이 인간을 구원하실 수 있다. 그렇다면 이 두 가지 명제를 어떻게 조화시킬 수 있을까? 한 가지 가능한 해결책은 예수님이 하나님으로서 성육신하셨다는 사실을 받아들이는 것이다. 그의 논리는 다음과 같이 정리할 수 있다.

하나님만이 구원하실 수 있다.
예수님은 구원하신다.
그러므로 예수님은 하나님이시다.

이러한 논리가 신약성경 구절들 가운데 들어 있다. 예를 들어 디도서 1:3-4에서는 한 번은 "우리 구주 하나님"이라고 했다가 그 다음에는 "그리스도 예수 우리 구주"라고 말한다. 다음으로 아타나시우스는 아무 피조물도 다른 피조물을 구원하지 못한다는 사실을 지적함으로써 그의 논지를 강화한다. 즉 구원에는 하나님의 개입이 요구된다. 아타나시우스는 '말씀이 육신이 되었다'고 주장함으로써 요한복음 1:14의 의미를 끌어내고 있다. 다른 말로 하면, 하나님께서 우리의 상황을 변화시키기 위해 그 상황 안으로 들어오셨다는 것이다. 아타나시우스의 말을 빌리면, '하나님께서는 우리가 하나님과 같이 되도록 하기 위해 사람이 되셨다'는 것이다. 만약 예수님이 우리처럼 피조물에 지나지 않았다면 문제를 해결하기는커녕 그 역시 문제에 얽매인 신세였을 것이다.

아타나시우스의 두 번째 논점은 그리스도인은 예수님을 경배하고 예수님께 기도해야 한다는 것이다. 아타나시우스가 살던 4세기경에는 그것이 교회 공중 예배의 근간을 이루는 특징이었다. 신약성경을 보아도 예수님이 부활하신 후 매우 짧은 시간 안에 그런 식으로 예배를 드리는 것이 잘 확립되어 있었다는 충분한 증거가 있다. 예를 들어 사도행전 7:59은 스데반이 예수님께 기도한 사실을 기록하고 있다. 고린도전서 1:2에서는 그리스도인들을 "우리의 주 되신 예수 그리스도의 이름을 부르는 모든 자들"이라고 정의했다. 여기서 '부른다'는 말은 구약성경에서 온 말인데, 구약성경에서는 그 표현이 '하나님께 드리는 경배와 기도'를 가리키는 말로 통용된다.창 4:26; 13:4; 시 105:1; 렘 10:15; 욜 2:32 등을 보라. 또한 2세기 초의 증거에 따르면, 그리스도인들이 예수님께 기도하고 예수님을 경배하던 행위들은 그리스도인을 가려내는 데 쓰이기도 했다고 한다. 주후 115년쯤에 쓰인 플리니우스Pliny의 유명한 서한은 그리스도인들을 가리켜 '그리스도를 하나님으로' 찬양하는 사람들이라고 서술하고 있다.

아타나시우스가 제시하는 아주 단순하면서도 힘찬 논점은 다음과 같다. 만일 예수님을 단순히 인간으로만 본다면 결국 그리스도인들은 한 피조물을 경배한 죄를 범한 자들이 되고 만다. 기독교에서 하나님 한 분 외에 그 어떤 대상에게도 절대로 경배해서는 안 된다고 가르치는 것을 모르는 사람은 아무도 없을 것이다. 그러므로 예수님을 단지 한 인간이라고 한다면 창조주만을 경배해야 할 마당에 피조물을 경배한 것이니 정죄받을 운명에서 벗어날 길이 없을 것이다. 여기에서 우리는 오히려 아리우스가 이미 확립된 그리스도인들의 기도와 예배 행위를 묵살해 버리는 잘못을 범하고 있음을 보게 된다. 아리우스에 따르면, 그리스도인들의 예배는 우상 숭배로 전락했다는 것이다. 그러나 아타나시우스는 이에 동의할 수 없었다. 그리스도인들이 예수님을 경배하고 찬양하는 것은 옳았다. 왜냐하면 그들이 예수님을 경배함으로써 예수님을 그의 본체 그대로 성육신하신 하나님으로 인정했기 때문이다.

아리우스 논쟁은 결국 주후 451년에 결의된 '칼케돈의 신조'Chalcedonian Definition로 귀결된다. 그것은 예수님이 진정한 하나님인 동시에 진정한 인간이라는 선언이었다. 그것은 의문 나는 점에 대한 토론을 억압하기 위해 어떤 권위주의적인 위원회가 일방적으로 결의한 독단적 주장이 아니었다. 그것은 수백 년에 걸쳐 전개된 토론을 요약한 것이었다. 우리도 그룹 토의나 위원회에 소속되어 어떤 쟁점을 놓고 토론하다 보면 똑같은 주장을 시작도 끝도 없이 계속 되풀이하곤 한다. 그렇게 하다가 결국에는 한 사람이 나서서 그 토론을 종합하여 정리하기에 이른다. 물론 그 결과는 심의를 거치게 마련이지만 말이다. 여러 측면에서 볼 때 그리스도인들이 예수 그리스도의 신성을 주장한 것은 예수님의 정체와 중요성에 대한 대토론에 최종적 판결을 내린 것이라고 할 수 있다. 물론 그 판결이 있기까지 전개되어 온 토론 또는 논쟁에서 앞에서 말한 아타나시우스의 두 명제가 중요한 역할을 했던 것은 분명하다.

우리가 현대에 산다고 해서 그 토론을 잊고 지나쳐 버려도 될 역사 속 한 사건으로 생각해서는 안 된다. 우리가 어떤 시대에 살든 아주 동일한 질문, 즉 '예수 그리스도는 누구인가?' 또 '왜 그는 그토록 중요한가?'라는 질문들에 계속 직면하기 때문이다. 그러면 그리스도인들은 왜 예수님이 인류에게 그토록 중요한지 설명하고자 할 것이다. 그 설명에서 예수님의 신성은 필수적인 부분이 될 것이다. 따라서 예수님의 신성에 관한 부분을 변증할 능력을 갖추는 것은 반드시 필요하다. 많은 기독교 비판가들은 예수님을 단지 한 인간, 한 사람의 종교적 스승일 뿐이라고 주장하려 든다. 이때 아타나시우스가 사용한 논증들은 오늘날 우리가 예수님이 어떤 분이신가를 설명하고 변호하는 데 큰 도움이 될 것이다.

더 읽어 볼 자료

○　제럴드 브레이Gerald Bray의 『신조, 공의회 및 그리스도』Creeds, Councils and Christ, pp. 104-113는 예수님의 신성에 관한 토론에서 제기된 주요 논점을 탁월하게 정리했다.

○　한스 폰 캄펜하우젠Hans von Campenhausen의 『그리스 교회의 교부들』The Fathers of the Greek Church, pp. 69-83은 아타나시우스의 생애를 그의 기본 사상에 대한 소개를 곁들여 쓴 귀중한 글이다.

○　헨리 채드윅Henry Chadwick의 『초대교회사』The Early Church, 기독교문서선교회, pp. 133-151는 아리우스와 아타나시우스 사이에 벌어진 논쟁의 과정을 비교적 상세하게 묘사하고 있는데, 논쟁 과정 이면에 깔린 정치적 음모에 대해서도 밝혀 놓았다. 읽기 편한 문체로 쓴 글이다.

○　알로이스 그릴마이어Aloys Grillmeier의 『기독교 전통에서의 그리스도』Christ in Christian Tradition, pp. 302-328는 예수님의 정체와 중요성에 대한 아타나시우스의 견해를 상세히 연구한 논문이다. 난해한 논문이므로 이 주제를 깊이 있게 연구하고자 하는 사람들에게만 추천한다.

○　리처드 핸슨R. P. C. Hanson의 『하나님의 기독교 교리를 찾아서』In Search of the Christian Doctrine of God는 아리우스 논쟁과 관련된 주제와 인물, 그 논쟁의 문제들에 관한 상세한 연구서다. 이 주제에 한 번 빠져 보고 싶은 사람들만 읽어 보기 바란다.

2장

아우구스티누스
하나님의 은혜

나의 모든 소망은 오직 당신의
긍휼에 의지하는 것입니다.
당신이 원하시는 바를 명하소서.

_ 아우구스티누스 Augustine(354-430)

4세기에 이르러 로마 제국은 오늘날의 알제리를 포함한 서부 지중해 연안 지역 대부분을 장악했다. 이 지역에서 기독교는 카르타고의 키프리아누스Cyprian와 같은 순교자들의 전도에 힘입어 강력한 발판을 굳히고 있었다. 대부분의 지식인은 흔히 이곳을 문화적으로 뒤떨어진 곳이라고 생각하지만 기독 교회의 2천 년 역사상 가장 중요한 사상가 가운데 한 사람을 배출한 곳이 바로 로마령 북아프리카다. 354년 11월 13일, 오늘날 수카하라스라고 알려진 타가스테라는 성읍에서 한 아이가 태어났다. 그의 부모는 북아프리카인으로서 로마 시민권을 획득한 사람들인 듯한데 가난하게 살았다. 이 아이의 이름이 바로 아우구스티누스다.

아우구스티누스는 사람들에게 널리 알려질 만큼 총명했고 출셋길이 훤히 열릴 것이 확실했다. 재능 있는 이들이 그러하듯 그도 정든 고향을 떠나 교육과 학문의 중심지로 향했다. 그의 아버지는 그를 북아프리카에서 가장 유명한 대학이 있는 도시인 카르타고로 유학을 보낼 생각이었다. 한편 아우구스티누스의 어머니 모니카Monica는 열성이 대단한 그리스도인으로서 아들도 자신의 신앙을 이어받기를 간절히 바랐다. 하지만 안타깝게도 어머니는 아우구스티누스가 유년기에 씨름하던 문제들을 풀어 주지 못했고, 아우구스티누스는 점차 기독교로부터 멀어지기 시작했다. 그는 기독교가 지적으로 존경받을 만한 부분이 없다고 생각했다.

아우구스티누스는 진학을 위해 카르타고로 갔다. 당시 법률가로서 성공하려면 수사학과 라틴어에 능통해야 했다. 아우구스티누스는 두 과목 모두에서 탁월함을 보였으며, 자신이 이룬 성과로 뛸 듯이 기뻐했다. 그러나 그가 추구하는 것은 순수 학문의 영역에만 머무는 것이 아니었다. 오늘날의 대학생들처럼 그도 탐험 정신을 발휘함으로써 자신의 한계를 시험해 보고 싶었고, 더 자유분방한 삶을 살며 여자와 사랑에도 빠지고 싶었다. 훗날 아우구스티누스는 부모의 제재에서 벗어난 뒤 자신이 얼마나 육체적 탐닉에 빠져 살았는지 술회한 적이 있다. 그는 카르타고에 도착한 지 1년도 안 되어 정부情婦를 두게 되었고, 곧 한 사내아이의 아버지가 되었다(이 아이는 372년에 태어났으며 당시 아우구스티누스는 18세였다).

한편 북아프리카에서는 마니교라는 종교가 번창하고 있었다. 아들이 태어난 후 아우구스티누스는 곧 이 종교에 가입하게 된다. 이 이단 종교는 여러 면에서 기독교와 유사한 가르침을 전했다. 예를 들면, 예수 그리스도도 배울 것이 있는 훌륭한 스승이라고 가르치는 종교였다. 그러나 다른 한편으로는 복음과 전혀 관계가 없는 사실, 즉 구약성경의 하나님은 악의가 가득 찬 신이므로 신약성경의 하나님과는 무관하다고 가르쳤다. 이 세상의 모든 악과 고통은 바로 이 구약성경의 하나님 때문에 생긴 것이라고 주장하면서, 그러므로 구약성경은 신약성경에 나오는 하나님보다 열악한 신에 대한 책이기 때문에 부적합하고 했다.

많은 점에서 마니교는 최근 수십 년간 북미와 서구 세계에 출현하고 있는 여러 신흥 종교 운동과 유사한 종교였다. 이 종교에 가입하면 엄청난 헌신을 해야만 했다. 예를 들어 그 추종자들은 채식주의자로 탈바꿈해야 하며, 가난과 금욕 생활도 마다하지 않겠다고 서약해야 했다. 그들은 기독교와 아주 흡사하면서도 매우 단순한 종교적 메시지로 사람들을 교화했는데, 실제로 그 내용을 분석해 보면 기독교와는 전혀 다른 것이었다. 그러나 기독교에 대해 거의 아는 바가 없는 대부분의 사람은 그 차이를 식별할 수 없었다.

아우구스티누스는 이 이단 종교에 큰 매력을 느낀 나머지 9년 동안이나 이 종교의 일원으로 있었다. 그의 어머니는 이 소식을 듣고 경악을 금치 못해서 그에게 절대로 집으로 돌아오지 말라고 강경하게 얘기했다. 어머니는 곧 현지의 주교를 만나 아들을 어떻게 하면 좋겠느냐고 자문을 구했다. 그 주교는 더 이상 간섭하지 말고 그대로 두면 제정신으로 돌아올 것이라고 충고했다. 하지만 모니카는 그러한 충고를 어떻게 실천에 옮길 수 있을지 앞이 캄캄한 지경이었다. 그것은 아들을 앞길이 막막한 운명에 내버려 두는 것만 같았기 때문이다.

한편 아우구스티누스는 그의 활동 분야에서 탄탄대로를 걷고 있었다. 377년에는 당시 아프리카 총독이 주관한 웅변대회를 석권했으며, 그의 친구들을 마니교로 개종시키기까지 했다. 그는 카르타고의 한 대학에서 교수 자리를 얻었는데, 그 기회를 로마의 고위층에 오를 수 있는 하나의 유용한 디딤돌로 생각하고 있었다. 그가 로마 제국 행정부의 요직에 오르는 일은 시간문제였다. 마음먹기에 따라 로마 제국의 한 지방 영토의 주지사가 될 수도 있었다. 이때 그의 어머니는 아들이 카르타고보다 더하면 더했지 못할 것이 없는 환락의 도시 로마로 가는 것을 반대하고 나섰다. 그러나 383년 아우구스티누스는 어머니에게 친구를 전송하러 항구에 가야겠다는 말을 남기고 그 길로 그의 정부와 함께 배에 올라 로마로 떠났다.

그런데 아우구스티누스는 성공적인 삶을 살면서도 은연중에 그가 가입했던 종교에 대해 의구심을 품고 있었다. 그는 카르타고에 있을 때부터 몇몇 그리스도인들이 마니교에서 가르치는 종교 사상에 대해 비판하는 소리를 들었는데, 그 비판이 설득력 있게 느껴졌던 것이다. 또한 마니교도들이 대응하며 제시한 답변들이 결코 만족스러운 것이 아니었다. 그는 여기서 다시 영적 불안감에 사로잡히는 자신을 발견했다. 그는 해답 없는 질문들을 되뇌고 있었다. 하지만 그가 품고 있던 의구심을 마니교를 믿는 동료들에게는 이야기하지 않았다. 그는 로마에 도착하자마자 현지 마니교도들과 연락을 취해 만나고 있었는데, 마침 그중 한 사람의 소개로 이탈리아 북부에 있는 주요 도시 밀라노의 공공 집회 연설자로 가게 되었다 (아우구스티누스가 밀라노에서 갖게 된 직업은 우리에겐 생소한 공공 집회 연설자 Public Orator라는 것인데, 몇몇 역사 자료에 의하면 그는 밀라노에서 수사학 교사 생활을 한 것으로 되어 있다. 이것은 앞서 소개한 대로 고대 로마 고등교육의 근간을 이룬 과목이 '수사학'이었다는 사실로 미루어 보아 얼마든지 두 작업 사이에 밀접한 관계가 있었음을 추측할 수 있다. 사실 옥스퍼드나 케임브리지 대학의 대표 연설자를 'Public Orator'라고 부르는 전통도 여기에서 온 것 같다―옮긴이).

밀라노에 도착한 아우구스티누스는 그곳의 주교가 뛰어난 웅변술을 가진 설교가로서 명성이 있음을 알게 되었다. 그는 이 주교의 명성이 과연 타당한 것인가를 알고 싶은 마음에서 어느 주일에 주교가 설교하는 대성당에 슬며시 들어가 그의 설교를 들어 보았다. 처음에는 설교를 설교로서 들은 것이 아니라 훌륭한 웅변으로 듣는, 전적으로 전문가적 관심만을 가지고 그 교회에 드나들곤 했다. 사실 웅변가 치고 누구인들 뛰어난 연사의 비법을 누구누구에게 사사받았다는 꼬리표 없이 슬쩍 챙겨 볼 수 있는 기회를 마다하겠는가? 그러나 그는 웅변의 비법보다는 점차 그 내용에 이끌리는 자신을 발견했다. 마니교에 대해 진작부터 갖고 있던 의구심은 그의 설교를 들을수록 커졌고 동시에 기독교에 대한 관심도 점점 커졌다. 훗날 당시의 느낌을 말하면서 그는 "나는 그때, 아직도 이 종교가 정말 진리를 가르치고 있는지는 더 두고 봐야겠지만 적어도 내가 비판적으로 보아 오던 것들을 가르치는 종교는 아님을 알았다"고 했다.

그는 여기서 영적 삶의 전기를 맞는다. 그동안 동거하던 정부와의 관계―그 관계는 15년 동안이나 지속된 것이었다―를 정리하고, 그는 이제 주변 사람들에게 안정된 삶을 보여 주기 시작했다. 그는 더 이상 마니교에 대해 조금의 매력도 느낄 수 없었다. 그럼에도 불구하고 그가 완전히 그리스도인이 되는 것을 막는 것이 있었다. 무엇인가가 자꾸 그를 기독교로 더 나아가지 못하도록 잡아당기고 있었다. 그는 자기가 그리스도인으로서 자라는 것을 막는 큰

방해물이 있음을 알았다. 그의 중압감은 점점 더 커졌다. 그때 아우구스티누스는 마리우스 빅토리누스Marius Victorinus라는 작가의 저술에 오랫동안 매료되어 있었다. 그는 곧 그 작가가 말년에 그리스도인이 되었다는 사실을 알게 되었다. 아우구스티누스는 자기 집에 찾아온 한 친구로부터 빅토리누스가 성경을 공부해 나가다 회심했으며 그 후로는 계속 교회에 나가는 등 사람들 앞에서 공개적으로 간증을 하고 다닌다는 말을 들었다. 그 친구가 흥밋거리로 들려주고 간 그 작가의 사생활에 대한 이야기는 아우구스티누스에게는 은밀한 가운데 말씀하시는 하나님의 음성으로 들렸다.

그의 삶의 전기는 곧 마련되었다. 아우구스티누스는 과거를 깨끗이 청산하고 예수 그리스도와 새로운 관계를 맺고 싶었다. 그는 다른 사람들이 그 일을 어떻게 시작했는지에 대해 여러 이야기들을 들으면서 자신도 그들처럼 온전히 헌신하고 싶었다. 그런데 어떻게 된 일인지 그러한 분위기로 그를 몰아넣는 어떤 자극 같은 것이 전혀 생기지 않았다. 이런 상황을 아우구스티누스는 그의 자서전에서 서술했는데, 386년 8월의 어느 날 밀라노에 있는 그의 집 정원의 무화과나무 아래 앉아 그는 "하나님, 언제까지 이렇게 시간만 낭비해야 합니까?"라고 부르짖었다고 한다. 그러나 우리는 여기서 '그렇게 부르짖기만 하고 자신의 척박한 삶은 왜 그 자리에서 당장 박차고 일어나지 못했을까?'라고 묻고 싶어진다. 그때 그 부르짖음에 대해 답변이라도 하듯 이웃집 정원에서 노는 어린아이들의 소리가 들려 왔다. 아이들은 노래를 부르며 놀고 있었는데, 아이들이 부른 노래의 가사는 "펴서 읽어라! 펴서 읽어라!"는 것이었다.

아우구스티누스는 당장 집 안으로 뛰어 들어가 그가 어딘가에 던져둔 신약성경을 펼쳐 들고는 그 펼쳐진 면에서 눈에 띄는 말씀 몇 절을 읽었다. "오직 주 예수 그리스도로 옷 입고 정욕을 위하여 육신의 일을 도모하지 말라"롬 13:14라는 말씀이었다. 그는 성경을 덮었고, 그때부터 친구들에게 "나도 그리스도인이 되었다"고 말하기 시작했다.

이러한 사실을 우리는 어떻게 알 수 있을까? 사실 그것은 아우구스티누스가 『참회록』The Confessions으로 알려진 자서전을 썼기 때문이다. 이 책을 보면 그를 회심하도록 이끈 연쇄적 사건들이 기술되어 있다. 이 작품의 가장 흥미로운 특징 가운데 하나는 하나님께서 그가 회심하기 오래전부터 그 위대한 사건을 점진적으로 준비해 오셨으며, 그것을 아우구스티누스가 스스로 어떻게 깨달았는지 기술하고 있다는 점이다. 아우구스티누스는 자신의 전기를 쓰면서도 수없이 많은 부분에서 하나님의 손길이 그의 삶 속에서 어떻게 움직이셨는지 찬양하느라 자신의 이야기를 멈추곤 한다.

그 후 10년이 못 되어 아우구스티누스는 북아프리카의 한 교구를 감독하는 주교가 되었으며, 기독교가 지금까지 배출한 가장 영향력 있는 사상가 가운데 한 사람으로 기억되고 있다. 그의 엄청난 재능이 이제는 더 이상 로마의 행정부 안에서나 발휘할 수 있는 관료 경력 가운데 허비되지 않고 복음의 사역에 집중하게 되었다. 이 장에서 우리는 그가 기독교 사상에 기여한 가장 중요한 공헌 가운데 하나라고 널리 인정받고 있는 하나님의 은혜에 대한 사상을 살펴보려 한다. 바울의 죄와 은혜에 대한 가르침은 아우구스티누스를 통해 비로소 제빛을 보기 시작한다. 당시 그 교리는 거의 잊혀 있었다.

여기서 우리가 특별히 관심 있게 보려는 것은 아우구스티누스가 참여한 펠라기우스 논쟁Pelagian Controversy이다. 이는 5세기 초에 시작되어 당시 영국(스코틀랜드였을 것임)에서 로마로 오게 된 펠라기우스Pelagius라는 인물을 중심으로 전개되었다. 펠라기우스는 (충분히 타당한 이유를 가지고) 도덕적 개혁을 들고 나선 지도자로서 로마의 기독교가 좀 해이해졌다고 생각했다. 그는 인간의 선행 능력을 매우 강조하며 개혁 프로그램을 주도해 나가기 시작했다.

그러던 어느 날 펠라기우스는 어떤 사람이 아우구스티누스의 『참회록』을 읽고 있는 것을 엿듣게 되었다. 그 사람이 읽던 부분은 아우구스티누스가 하나님의 자비에만 전적으로 의존해야 함을 깨닫는 대목이었다. "나의 모든 소망은 오직 당신의 긍휼에 의지하는 것입니다. 당신이 명하는 바를 내게 허락하소서. 당신이 원하시는 바를 명하소서." 펠라기우스는 이 대목에서 충격을 받았다. 그 구절들은 마치 '우리는 아무것도 할 수 없으니 하나님께만 의지합니다'라고 말하는 것 같았기 때문이다. 그는 자신이 내세우고 있던 도덕 개혁의 모든 계획이 어려워질 것이라고 느낀 나머지 아우구스티누스에게 도전하고 나섰다. 그 후로 전개된 논쟁은 오랜 시간 지속되었으며 적지 않은 혼동을 일으켰다. 사실 펠라기우스는 로마에 있고 아우구스티누스는 북아프리카에 있던 터라, 통신 수단이 변변치 않던 당시 두 사람의 의견 교환은 만족스러울 수가 없었다. 그러나 그런 어려움에도 불구하고 두 사람이 벌인 논쟁의 주지는 분명했고, 오늘날에도 그것은 중요하며 대단한 관심을 불러일으키는 것이다.

펠라기우스는 우리의 모든 행위가 완전히 자유롭다고 주장했다. 즉 우리는 어떤 숨겨진 세력에 의해 영향을 받지도 않고, 우리가 통제할 수 없는 힘에 의해 제한받는 것도 아니라고 했다. 우리가 우리 자신의 운명을 지배하는 주인이라는 것이다. 그래서 우리가 '죄짓지 말아야지'라고 하면, 우리는 스스로 죄짓는 것을 멈출 수 있다고 했다. 또 죄란 우리가 저항하여 물리칠 수 있는 것이므로 그렇게 해야 한다고 했다. 하나님은 십계명과 예수 그리스도의 모범을 우리에게 주셨기 때문에 그에 따라 사는 것은 우리의 결심에 달렸다고 가르쳤다. 펠라기우스는 인간의 본성 가운데 어떤 불완전함이 있어 우리로 하여금 도덕적으로 행동하지 못하도록 한다면, 그것은 바로 하나님의 모습을 잘못 반영하고 있기 때문이라고 했다. 더구나 우리를 지으신 분은 하나님이신데, 만일 인간의 본성에 나쁜 것이 있다고 주장한다면 이는 하나님이 잘못 창조하신 데 그 이유가 있다는 말이나 다름이 없다. 그러므로 인간의 본성에 어떤 흠이 있다는 주장은 인간에게만이 아니라 하나님에게도 모욕적 언사가 된다는 것이 펠라기우스의 주장이었다.

그러나 아우구스티누스는 신약성경, 특히 바울의 저작을 보면서 성경은 그러한 주장과는 다르게 말하고 있음을 알았다. 아우구스티누스는 인간 본성에 대한 펠라기우스의 견해가 위험할 정도로 순진할 뿐 아니라 신약성경의 가르침이나 인간의 경험과는 무관하다고 보았다. 그래서 신약성경에 나타난 인간 본성, 죄와 하나님의 은혜 등에 대해 상세하게 해설함으로써 펠라기우스의 주장에 응답하는데, 그의 해설은 역작으로 알려지게 되었다. 여기서 인간의 본성에 대한 아우구스티누스의 사상을 먼저 살펴보도록 하자.

인간의 본성에는 뭔가 잘못된 것이 있다. 인간의 본성은 본래 아무 문제 없이 창조되었지만 타락으로 인해 죄로 오염되었다는 것이 아우구스티누스의 기본 신념이다. 달리 표현하면, 인간의 본성에 흠이 생겼다는 것이다. 이 흠은 하나님이 처음 우리를 창조하실 때는 없던 것이다. 창세기의 창조 기사를 보면 하나님이 인간을 흠 없이 창조하셨음을 너무도 분명히 알 수 있다. 그런데 그 후에 어떤 일이 발생했다. 그 사건으로 말미암아 인간의 본성에 흠이 생겼다. 아우구스티누스는 이것을 타락이라고 규정하는데, 곧 아담의 불순종을 의미하며 결코 하나님의 잘못이라고 할 수 없는 것이다. 그 결과 인간은, 펠라기우스가 인간이 마땅히 해야 한다고 이야기하는 것들을 그 본성으로는 더 이상 할 수 없는 형편에 놓이게 되었다. 타락의 결과 인간의 본성 가운데는 하나님으로부터 멀어지려 하고 죄로만 향하려는 마음이 생겼다. 타락한 인간들의 내면에는 이같이 죄로 향하는 성향이 있다.

이 점을 설명하기 위해 아우구스티누스는 도움이 될 만한 비유를 든다. 무게를 달 수 있는 두 개의 무게접시가 달린 천칭을 생각해 보자. 한쪽은 선善을, 다른 한쪽의 무게접시는 악惡을 상징한다고 할 때, 만약 이 저울이 제대로 된 저울이라면 선행인지 악행인지는 저울질을 해 봄으로써 적합한 결론을 내릴 수 있을 것이다. 인간의 자유의지에 대해서도 마찬가지의 논리가 성립한다. 인간이 온전한 자유의지의 소유자라면 선악을 분별해 그에 따라 행동할 수 있을 것이다. 여기서 아우구스티누스는, 만약 그 양심의 저울이 항상 한쪽으로만 더 기울도록 그쪽에만 무게가 더 주어진다면 어떻게 되겠느냐고 묻는다. 즉 악이라는 무게접시에 상당히 무거운 물체를 놓아둔다면 어떻게 될까? 물론 저울이 무게 측정 기능을 하기는 하겠지만 항상 악한 결정을 내리는 쪽으로 기우는 성질을 갖게 될 것이다. 아우구스티누스는 바로 그런 현상이 죄로 말미암아 인류에게 발생한 것이라고 주장한다. 인간에게 자유의지는 있지만 악으로 기울어져 있다는 것이다. 자유의지가 정말 존재하며 그 자유의지로 인간들이 결정을 내리지만, 그것은 이미 한쪽으로 심각하게 쏠려 버린 저울과 같다고 했다. 그렇기 때문에 균형 있는 판단을 내리지 못하고 항상 악으로 기우는 성질을 보이는 것이다.

죄가 인간의 자유의지에 미친 영향을 설명한 아우구스티누스의 논지가 더욱 인상적인 까닭은 그의 설명이 우리의 경험과 너무도 명백하게 일치하기 때문이다. 우리는 선이 무엇인지 **알면서도 그것을 행하고 싶은 의욕이 일어나지 않거나**, 정작 선을 행해야 할 때 **행치 못하는** 것을 보면서 갈등했던 경험들이 있다. 그것이 바로 바울이 말하고 있는 긴장이다. "내가 원하는 바 선은 행하지 아니하고 도리어 원하지 아니하는 바 악을 행하는도다"롬 7:19. 이와 같이 인간이 악으로 기우는 성향은 유럽의 한 수도원 방문객의 유명한 이야기 속에 잘 나타나 있다. 그곳의 수도사들은 손님에게 머물 방을 보여 주면서 이곳에서 무엇을 하든 상관이 없으나 창문으로 밖을 내다보아서는 안 된다고 했다. 그 창문은 벽의 꽤 높은 곳에

나 있었기 때문에 그냥 서서는 내다볼 수가 없었다. 이 손님은 한동안 호기심을 억누르며 지냈지만 도저히 더 이상 그 호기심을 억제할 수 없었다. 마침내 그는 창문 곁으로 의자를 옮겨 놓고 그 창문을 통해 밖을 내다보았다. 그러나 다음 순간 그 창문 밖에 모여 선 수도사들과 마주치고는 질겁하고 만다. 그들은 그 창문으로 얼굴을 내밀게 될 손님의 민망한 모습을 주시하기 위해 기다리고 있었던 것이다. 창밖의 무리는 한바탕 웃고는 "누구든 저렇게 얼굴을 내민다니까"라는 말을 남기고 그 자리를 떠났다.

아우구스티누스의 기본 주장은 인간이 죄인이라는 사실에 대해 인간은 도무지 속수무책이라는 것이다. 이 죄야말로 우리의 삶을 태어나면서부터 계속 오염시킬 뿐 아니라 그 위에 군림하는 세력이다. 그는 이러한 인간의 내재적 문제를 가리켜 '원죄'라고 한다. 우리는 태어날 때부터 하나님과 멀어져 있기 때문에 하나님과 온전한 관계를 가지려면 완전히 거듭나야 한다. 인간이 자신의 행동에 대해 결정적 통제를 하지 못하는 상태가 바로 죄인의 상태다. 아우구스티누스는 인간이 태어날 때부터 죄성, 다시 말해 죄악 행위에 대한 내재된 편향성을 가지고 있다고 보았다. 죄는 죄악 행위들을 유발한다. 즉 죄의 상태에 있기 때문에 그 결과로 여러 가지 **죄 된 행동을** 하게 된다. 그러면 여기서 죄에 대해 더 깊이 생각해 보자. 아우구스티누스는 원죄를 세 가지 측면에서 보았다. 첫째, 그것은 질병과 같고, 둘째로 힘과 같으며, 셋째로 그것은 죄책罪責, 즉 형벌을 수반한다.

첫째, 우리는 원죄를 한 세대에서 다음 세대로 옮아가는 어떤 유전병과 같은 것으로 생각해 볼 수 있다. 앞에서 보았듯이, 이 질병으로 말미암아 인류는 약화되었고, 어떠한 인간적 수단으로도 치료받을 수 없는 형편에 놓이게 되었다. 그러므로 그리스도는 하나님이 보내신 의원이며, "그가 채찍에 맞으므로 우리는 나음을 받았"사 53:5다. 여기서 구원은 의료적인 용어로 이해된다. 우리가 하나님의 은혜로 치유받을 때, 우리의 심령은 하나님을 보게 되고 우리의 의지로 그의 말씀에 반응을 보이게 된다.

둘째, 우리는 원죄를 우리를 사로잡고 있는 어떤 힘으로 볼 수 있다. 즉 '우리 힘으로는 도저히 빠져나올 수 없을 만큼 강력한 힘'이라고 볼 수 있다. 인간의 자유의지는 죄의 권세가 사로잡고 있기 때문에 은혜를 통해서만 그 속박에서 해방될 수 있다. 여기서 그리스도는 죄의 힘을 부수는 은혜의 근원, 즉 해방자라고 할 수 있다.

셋째, 우리는 원죄를 법적인 개념, 즉 한 세대로부터 다음 세대로 전해지는 죄책이라고 생각해 볼 수 있다. 법을 아주 중시하는 사회, 아우구스티누스가 활동했던 후기 로마 제국과 같은 사회에서는 원죄를 그와 같이 이해하는 것이 특별히 도움이 되었다. 그렇게 볼 때 그리스도는 용서와 사함을 주시기 위해 오신 분이 된다.

이렇게 세 가지 측면에서 죄를 이해하는 것은 아주 유용하다. 그리고 그것은 당신이 이미 한 번 들어 본 이야기인지도 모르겠다. 아우구스투스 토플라디Augustus M. Toplady가 쓴 유명한 찬송가 "만세 반석 열리니"Rock of Ages, Cleft for Me에 다음과 같은 가사가 나온다.

창에 허리 상하여

물과 피를 흘린 것

내게 효험 되어서

정결하게 하소서.

"효험 되어서"라는 말은 죄 사함을 받을 뿐 아니라 그 죄의 권세가 부서짐으로 인해 거기에서 벗어난다는 두 가지 사실을 가리킨다. 또 그 사람의 근원이 그리스도의 죽음에 있다고 호소하는 것에 주목해야 할 것이다. 당신은 또 찰스 웨슬리Charles Wesley의 유명한 찬송가 "만입이 내게 있으면"O for a Thousand Tongues, to Sing이란 곡을 알 것이다.

내 죄의 권세 깨뜨려

그 결박 푸시고

이 추한 맘을 피로써

곧 정케 하셨네.

"내 죄의 권세 깨뜨려"라는 가사에는 죄의 권세로부터의 해방과 죄책의 용서라는 뜻이 함께 들어 있어 특별히 중요하다.

아우구스티누스가 발전시킨 사상은 신약성경, 특히 로마서에서 발견된다. 율법은 우리가 마땅히 어떻게 해야 하는가를 가르쳐 주지만 우리가 그것을 행할 수 있도록 힘을 주는 데까지는 나아가지 못한다. 인간의 본성에는, 나쁜 것인 줄을 알면서도 그것을 따라가도록 하는 힘이 있기 때문이다. 율법은 무엇이 그릇된 것인가를 말해 주고 죄가 무엇인지 식별해 내는 능력은 있지만, 우리가 죄를 피할 수 있도록 도와주지는 못한다^{롬 7:7-20}. 그러므로 무엇이 죄인지를 안다고 해도 그것을 피하려 할 때 우리는 그 외의 다른 것으로부터 도움을 받아야 한다. 바울에게 그 답변은 예수 그리스도에 대한 기쁜 소식, 곧 복음이었다. 하나님은 친히 간섭하셔서 우리로 하여금 죄를 분별할 수 있게 하셨을 뿐 아니라 그 속박에서 벗어날 수 있는 길을 제공해 주셨다. "오호라 나는 곤고한 사람이로다. 이 사망의 몸에서 누가 나를 건져내랴. 우리 주 예수 그리스도로 말미암아 하나님께 감사하리로다. 그런즉 내 자신이 마음으로는 하나님의 법을 육신으로는 죄의 법을 섬기노라"^{롬 7:24-25}.

아우구스티누스는 우리가 죄에 빠져 있으므로 그 죄의 권세로부터 해방될 수 없다는 기본 사상을 전개했다. 율법을 통해 우리는 죄를 식별할 수 있다. 그러나 죄는 여전히 우리 위에서 영향력을 행사하고 있다. 그것은 자석과도 같이 우리를 끌어당기는 어떤 마력을 가진 것 같다. 적의 정체를 식별한다고 해서 전투가 끝나는 것이 아니다. 그때 비로소 전투는 시작된다. 그러나 아우구스티누스에 따르면 우리는 그 싸움에서 도저히 배겨날 수가 없다. 우리의 힘으로만 버텨야 한다면 우리는 무참히 패하고 말 것이다. 그 싸움에서 빠져나오지 못한 채 점점 깊은 수렁으로 빠져들고 말 것이다.

트럭이 진흙탕에 빠진 것을 본 적이 있는지 모르겠다. 운전사가 액셀러레이터를 밟으면 밟을수록 그 트럭은 점점 진흙탕에 빠져들지 않던가? 트럭을 진흙 구덩이에서 끌어내려는 것이지만 결국 구덩이만 더 깊어지지 않던가? 상황이 호전되기는커녕 점점 더 악화된다. 그때 필요한 것은 그 상황 밖에 있는, 즉 진흙 구덩이에 빠져 있지 않은 외부의 어떤 힘이 그를 꺼내 주는 것이다.

또 다른 예로, 당신이 지금 감옥에 갇힌 신세가 되었다고 하자. 누가 와서 '당신은 지금 감옥에 갇혀 있습니다'라고 한들 그 말이 무슨 도움이 되겠는가? 그 말을 백 번 들어도 당신이 그 감옥에서 나오는 데는 아무 도움이 되지 않는다. 그런 말을 듣는 것이 당신이 처한 상황을 설명해 주기 때문에 그 상황에서 어떻게 벗어날 수 있을까를 궁리하는 데 도움을 줄 수 있을지는 모르겠다. 하지만 당신이 감옥에 갇혀 있다는 것을 안다고 해서 그 지식으로 감옥에서 풀려나올 수는 없다. 누군가 당신을 풀어 주어야 한다. 감옥을 부숴 버리든지 아니면 감옥 문 열쇠를 가져다 열어 주어야 한다. 어떤 방식이든 그 상황에 함께 있는 사람이 아닌 제삼자가 개입해 당신을 풀어 주지 않으면 안 된다.

이에 대해 펠라기우스는 우리가 어떤 상황에도 얽매여 있지 않다고 주장한다. 그러므로 우리를 건져 줄 어느 누구의 도움도 필요하지 않다는 것이다. 우리는 자유인이므로! 여러 가지 면에서 펠라기우스의 주장은 빅토리아 시대의 영국인들이 좋아했던 윌리엄 어니스트 헨리William Ernest Henley의 시 "인빅터스"Invictus의 주제와 비슷하다(이 시는 어니스트 헨리1849-1903가 극심한 결핵이 재발되어 에든버러의 요양소에서 지내는 동안 쓴 『병원에서』In Hospital라는 시집에 실린 대표작이다. "Out of the night that covers me"라는 구절로 시작되는 발라드풍의 이 시는 "I was a king in Babylon and you were a Christian slave"라는 후렴구가 인상적인 반기독교적 시로서, 제목 'Invictus'는 '불멸의' 또는 '정복되지 않는'이란 뜻의 라틴어 형용사다—옮긴이).

> 제아무리 굳게 닫힌 옥문이며,
> 제아무리 무거운 형벌인들
> 문제 될 것 없으리.
> 내 운명의 주관자는 나이므로,
> 내 영혼의 함장은 나이니까!

아우구스티누스는 우리가 풀려날 수 있는 유일한 길이 있다면 그것은 우리가 처한 상황에 대해 현실적인 자세를 취하는 것이라고 말한다. 그는 계속해 주장하기를, 죄는 우리 인간을 죄악 된 본성 가운데 빠뜨려 그 본성 안에서 그 본성대로 살 때는 자유롭게 두지만 그것을 뚫고 나와 살아 계신 하나님을 만나 그분께 순종하려 할 때는 우리를 가로막는다고 했다. 우리는 진흙 구덩이에 처박힌 트럭과 같기 때문에 누군가 와서 우리를 꺼내 주지 않으면 안 된다. 한편 하나님은 그의 은혜로 우리가 빠져 있는 이 본성의 한계를 깨뜨리고 우리가 그의 은혜로운 부르심을 깨닫고 거기에 응답하도록 하신다. 아우구스티누스에 따르면, 우리는 하나님에 대하여 눈이 멀어 있으므로 우리의 눈은 은혜로 열려야 하며, 마찬가지로 그분의 말씀을 듣지 못하는 우리의 귀도 열려야 한다.

그러면 은혜란 무엇일까? 사람들은 그것을 '그리스도의 값으로 얻은 하나님의 부' God's Riches At Christ's Expense라고 설명하는데, 이것은 은혜에 대한 기본적인 설명으로는 아주 유용한 것이다(여기서 저자는 번역으로 옮길 수 없는 재미있는 '말놀이'를 하고 있다. 'grace'에 대한 설명으로 God's Riches At Christ's Expense라는 간결한 정의를 제시했는데, 공교롭게도 각 단어의 두문자頭文字를 나란히 연결하면 G-R-A-C-E가 되기 때문이다—옮긴이). 아우구스티누스는 은혜에 대한 생각을 돕는 두 가지 유용한 비유를 제공한다. 첫째, 은혜는 인간 본성의 해방자다. 해방자는 진흙탕에 빠진 트럭을 꺼내 주러 온 이와 같으며, 굳게 닫힌 옥문을 열 수 있는 열쇠와 같기 때문이다. 앞에서 생각해 본 천칭의 비유로 말하면, 은혜는 악으로만 치우치도록 올려놓은 무거운 것들을 치워 주는 역할을 함으로써 하나님으로 향하는 마음의 무게를 충분히 느낄 수 있게 해 준다. 이렇게 말함으로써 아우구스티누스는 은혜가 인간의 자유의지를 말살하거나 타협하게 하기보다는 오히려 그 본래의 능력을 충분히 발휘할 수 있게 한다고 주장한다.

둘째, 은혜는 인간 본성의 **치유자**다. 아우구스티누스가 교회에 대해 말할 때 즐겨 쓰는 비유 가운데 하나는 교회가 아픈 사람들이 가득 찬 병원과 같다는 것이다. 그리스도인은 사실 자기가 앓고 있기 때문에 의사의 도움으로 치유받아야 함을 깨달은 사람들이다. 아우구스티누스는 선한 사마리아인의 비유를 들어 눅 10:30-34, 인간의 본성은 죽도록 매 맞고 길가에 버려진 사람과 같아서 사마리아 사람과 같은 이가 나타나 구조하여 치료해 주지 않으면 안 된다고 말한다(여기서 아우구스티누스는 사마리아 사람이 바로 구속자이신 그리스도를 가리킨다고 한다). 위의 예화들을 통해 아우구스티누스는 인간의 자유의지는 병들어 있으므로 치료가 필요하다고 주장한다. 더욱이 그는 은혜가 인간의 자유의지를 파괴하기보다는 그 자유의지가 제 기능을 하지 못하도록 막는 장애물들을 제거해 줌으로써 오히려 자유의지를 진정한 자유의지로 확립시켜 준다고 한다.

아우구스티누스는 이밖에도 다른 많은 비유를 들어 인간의 죄 문제를 설명했고, 그 결과 은혜의 개념을 더 잘 이해할 수 있도록 도와주었다. 아우구스티누스가 들지 않은 비유지만 도움이 될 만한 비유를 하나 더 들어 보자. 당신이 어느 날 도시의 거리를 걷다가 흰 가루약을 파는 한 젊은이와 마주치게 되었다고 하자. 그는 그 약이 아주 영험한 것이라고 말한다. "이걸 먹으면 끝내주는 경험을 하게 됩니다. 세상이 완전히 새로워지죠." 이런 말은 묘하게 사람을 끈다. 흰 가루일 뿐인데 무슨 해가 있겠어(여기서 우리는 이 이야기가 창세기 3장의 사건과 유사한 점이 있음을 보게 된다). 이렇게 해서 그의 말을 믿고 약 한 봉지를 사지만 혹시 누가 지켜보는 것은 아닐까 해서 주위를 둘러본다.

집에 돌아오자마자 그 가루약을 들이마시고 난 당신은 '그것참 대단하군' 하고 생각한다. 이렇게 해서 위대한 발견을 하고 나면 당신은 단 한 번으로 인해 생긴 습관인데도 결코 그것을 깨지 못하게 된다. 마약 성분에 사로잡히게 된 것이다. 당신은 이 하얀 가루약을 점점 더 찾게 될 것이다. 이때부터 당신은 코카인을 조금이라도 더 흡입하고 싶은 습관에 빠져든다. 여기서부터는 누가 와서 "당신은 마약에 중독되었어"라고 말해 주어도―당신도 그것은 알 테니까―전혀 도움이 되지 않는다. 마찬가지로 큰 실수를 했다고 누가 얘기해 주어도—사실 그것은 당신도 이미 아는 것이므로—전혀 도움이 되지 않는다. 이제 당신에게 필요한 것이 있다면 그것은 누군가 나타나서 당신이 도저히 뿌리치지 못하는 그 습관을 깨뜨려 주는 것이다. 당신에게는 그와 같은 도움이 필요하다. 당신은 예루살렘을 떠나 여리고로 내려가는 길에서 강도를 만나 거의 죽게 된 상태로 버려진 사람과 같아서 스스로는 더 이상 어떻게 할 수 없기 때문이다.

바울이나 아우구스티누스의 설명과 마찬가지로 이 이야기는 궁지에 빠진 인간을 생각해 보는 데 도움이 되는 좋은 예다. 코카인에 인이 박인 사람들처럼 우리 인간은 죄에 사로잡혀 있다. 우리 스스로의 힘으로는 이 죄에서 벗어나 하나님의 사랑을 찾아갈 수가 없다. 그렇다면 우리에게 희망은 끊어졌다는 말인가? 이러한 상황을 뚫고 나갈 길은 전혀 없는 것일까? 여기서 바울과 그의 뒤를 이은 아우구스티누스는 하나님께서 은혜로 이와 같은 상황에 개입하셔서 예수 그리스도를 이 세상에 보내심으로 죄의 권세를 깨뜨리고 우리를 죄에서 해방시키셨음을 매우 기뻐한다. 복음은 우리가 죄인임을 선언하지만 동시에 그 죄의 권세를 깨뜨릴 수 있는 수단을 제시하고 있는데 그것이 바로 예수 그리스도를 믿는 믿음이다.

아우구스티누스의 기독교 이해는 하나님의 은혜에 대한 사상이 지배적이다. 그가 가장 좋아했던 성경 말씀은 "나를 떠나서는 너희가 아무것도 할 수 없음이라"요 15:5였을 것이다. 그리스도의 죽음과 부활은 죄의 권세를 깨뜨리며, 죄의 형벌을 없앤다. 그리스도는 하나님과의 교제를 회복시키고 우리로 하여금 율법을 지킬 수 있는 힘을 갖도록 하기 위해 오신 두 번째 아담이다. 아우구스티누스의 말을 빌리면, "은혜는 하나님의 법, 인간의 본성, 죄의 용서 등이 무엇인가를 밝혀 주는 지식에 불과한 것이 아니다. 그것은 우리 주 예수 그리스도를 통해 우리에게 주어진 것으로 그 은혜로 말미암아 율법이 성취되며 인간의 본성이 구원을 받고 죄는 참패를 당하게 된다."

하나님의 은혜를 강조하는 것이 왜 중요한가? 두 가지 점을 생각할 필요가 있다. 첫째, 은혜라 함은 우리가 전적으로 우리 자신의 힘에 의지하지 않는다는 것을 뜻한다. 그것은 하나님께서 우리가 그리스도인으로서 겪게 되는 여러 도전이나 상황에서 우리를 홀로 버려두지 않는다는 것을 인정하는 것이다. 하나님께서는 우리를 죄의 권세로부터 풀어 주시고 죄의 형벌을 사해 주시기 위해 행하셨던 것처럼, 우리가 그리스도인으로서 살 때 우리와 함께하신다. 바울은 그의 편지에서 자신이 철저히 무능해져 버린 상황에 빠졌을 때 자신의 연약함을 뼈저리게 느낄 수 있었다고 이야기한다. 그는 말씀으로부터 어떻게 위로를 받았는지를 회고한다. "내 은혜가 네게 족하도다. 이는 내 능력이 약한 데서 온전하여짐이라"[고후 12:9].

둘째, 은혜란 하나님의 사랑이 미치지 못할 죄인은 없다는 것을 뜻한다. 바울과 아우구스티누스 두 사람 모두 이 사실을 피부로 느낀 사람들이다. 바울은 스데반을 죽이는 데 공모하는 등 하나님의 교회를 핍박하던 사람이었다[행 8:1]. 그와 같은 사람은 하나님의 사랑이나 능력과는 상관없는 사람이라고 말할 수 있을지 모르지만,

다마스쿠스로 가는 길에서 일어난 사건이 보여 주듯 하나님은 구제 불능으로 보이는 사람들 가운데서도 일하실 수 있는 분이다. "나는 사도 중에 가장 작은 자라. 나는 하나님의 교회를 박해하였으므로 사도라 칭함 받기를 감당하지 못할 자니라. 그러나 내가 나 된 것은 하나님의 은혜로 된 것이니 내게 주신 그의 은혜가 헛되지 아니하여 내가 모든 사도보다 더 많이 수고하였으나 내가 한 것이 아니요 오직 나와 함께하신 하나님의 은혜로라"고전 15:9-10.

아우구스티누스도 하나님의 은혜가 얼마나 놀라운 것인가를 잘 알고 있었다. 어머니를 피해 로마로 가는 배에 올랐을 때 그는 어머니가 가진 기독교 신앙과 완전히 결별하는 줄 알았다. 그러나 결국 그는 하나님과 만나게 되는 상황으로 이끌려 갔고 그 경험으로 완전히 변화되었다. 또한 아우구스티누스는 학창 시절 방탕한 삶으로 일관한 나머지 기독교 신앙에 대해서는 거의 관심이 없었고 삶의 쾌락에만 심취했던 것 같다. 젊음의 온갖 향락을 맛보았던 그였지만 나이가 들면서 자신의 삶이 그렇게 만족스러운 것이 아님을 깊이 깨닫자 더 만족을 줄 수 있는 것, 더 심오한 것을 갈구하던 중 그리스도를 믿는 신앙으로만 그러한 갈망이 충족될 수 있음을 깨닫게 된 것이다. 이것은 기독 학생 단체에 있는 젊은이들이 마음에 새겨 볼 만한 중요한 점이다. 많은 젊은이들이 지금 기독교에 대해 아무 관심도 없고 등을 돌려 버렸을지라도 그들이 인생의 말년에 가서 기독교 신앙의 중요성을 발견하게 될지도 모른다는 사실이다. 아우구스티누스의 삶의 예를 통해 볼 때 결코 희망을 버리지 말아야 할 것이다.

더 읽어 볼 자료

o   아우구스티누스의 생애와 업적, 그가 어떻게 회심했으며 펠라기우스 논쟁을 어떻게 이끌어 갔는가와 같은 이야기를 탁월하게 서술한 작품을 찾는다면, 제럴드 보너 Gerald Bonner의 『히포의 아우구스티누스: 삶과 논쟁』*Augustine of Hippo: Life and Controversies*과 피터 브라운 Peter Brown의 『히포의 아우구스티누스: 전기』*Augustine of Hippo: A Biography*를 보라.

o   헨리 채드윅의 『아우구스티누스』*Augustine*도 특별히 도움이 되는 작품인데, 다른 책들에 비해 짧다는 장점이 있다.

3장

캔터베리의 안셀무스
그리스도의 죽음

"한 사람이 순종하지 아니함으로
많은 사람이 죄인 된 것같이
한 사람이 순종하심으로
많은 사람이 의인이 되리라." (롬 5:19)

_ 안셀무스 Anselm(1033-1109)

연극의 제1막이 끝나면서 내려지는 막처럼 중세의 암흑기를 알리는 막이 유럽에 내려지고 있었다. 로마 제국의 함락과 함께 야만족의 노략질은 유럽 역사의 난세라 할 이 암흑시대의 출발을 알렸다. 이 암흑시대는 11세기 말에 이르러서야 종말을 고하게 되는데, 이때까지 기독교 사상가들은 무엇보다 그 사상 체계를 전수하는 데에만 집착했다. 정치적으로도 사회적으로도 불안한 시대였다. 그럼에도 불구하고 기독교는 계속 전파되었기 때문에 이 시대 역시 신앙의 시대라고 할 수 있다. 선교사들이 북쪽으로 서쪽으로 복음을 전해 나감으로써 이 암흑기에도 그리스도의 빛은 제빛을 발한다는 것을 확인시켜 주었다.

이 시대에 나온 기독교 저작들 가운데 몇몇은 역작이라 할 만한데, 영문학을 공부한 학생들이라면 유명한 앵글로색슨 시 "십자가의 꿈"The Dream of the Rood('rood'는 십자가를 뜻하는 고대 영어다)을 읽어 본 적이 있을 것이다. 이 작품이 언제 쓰였는지 정확히 알 수는 없지만, 대부분의 학자들이 750년경에 쓰인 것으로 본다. 이 시는 매우 놀라운 작품으로, 십자가에 달려 죽으신 그리스도에 대한 묵상이 그 기본 내용이다. 시인은 꿈에서 한 나무를 보는데, 이 나무는 어떤 사연을 갖고 있다. 숲에서 자란 이 나무는 어느 날 나무꾼에 의해 잘려 어느 언덕으로 옮겨지고, 이 나무에 한 젊은 영웅이 못 박혀 매달리게 된다는 이야기다. 나무는 못이 깊숙이 박힐 때 몹시 흔들리며 그 젊은이의 상처에서 쏟아지는 피로 온통 얼룩지게 된다. 시인은 이것이 인류의 구속을 위해 치러진 큰 대가라는 사실을 묵상한다. 이것을 보며 하나님이 세상을 얼마나 사랑하셨는지 볼 수 있다는 것이다. 구속의 대가가 엄청나게 큰 만큼 그 구속은 진정한 것이었다. 십자가에 못 박혀 고통스러워하는 그리스도의 형상을 그리며 시인은 시를 끝맺는다. 이 시는 하나님의 사랑이 얼마나 큰가를 다시 생각하게 해 준다.

이 장에서 다룰 중심인물은 중세 암흑시대가 유럽에서 서서히 그 모습을 감춰 갈 무렵 태어났다. 안셀무스는 1033년 북부 이탈리아에서 귀족 롬바르드가의 자손으로 태어났다. 청년 안셀무스는 일찍이 부모님의 곁을 떠나 북부로 이주해 노르망디에 정착했다. 그가 정착한 곳은 오늘날 르벡엘루앙으로 알려진 곳이다. 엘루앙은 노르만족 기사였는데 기독교에 깊은 관심을 가진 나머지 자기 영토를 수도원으로 변모시켰다. 이 수도원을 르벡수도원이라 불렀는데, 곧 학문과 신앙의 중심지로 자리를 굳혔다. 안셀무스는 당시 수도원장이었던 란프랑코^{Lanfranc}의 명성에 매료되어 마침내 이 수도원에 정착했다.

1066년 정복자 윌리엄^{William the Conqueror}은 영국을 공략한 후 노르만인들을 그 나라의 요직에 앉히기 시작했다. 이때 윌리엄은 란프랑코를 영국으로 초청해 그를 캔터베리 대주교 자리에 앉혔다. 한편 안셀무스는 란프랑코의 자리를 이어받아 르벡수도원 원장이 되어 15년간 재직했다. 그즈음 안셀무스가 영국을 방문했을 때 당시 영국 왕이던 윌리엄 2세는 그를 캔터베리의 대주교로 봉했다. 안셀무스는 1109년 75세의 나이로 죽기까지 15년간 대주교 자리에 있었는데, 이 기간은 영국 교회와 노르만 왕들은 계속 심각한 긴장 관계에 있었다. 사실 안셀무스는 그의 재직 기간에 윌리엄 2세와 헨리 1세에 의해 자주 유형流刑에 처해졌기 때문에 영국에 머문 기간보다 영국을 떠나 있을 때가 더 많았다.

안셀무스는 많은 저술을 남겼는데, 그중 하나가 『하나님이 인간이 된 이유』*Why God Became Man*라는 작품으로 1098년 그가 이탈리아에 있는 동안 집필한 것이었다. 이 책은 종종 라틴어 제목 '*Cur Deus Homo*'로 소개되기도 한다. 이 작품에서 안셀무스는 그리스도의 죽음이 어떤 의미를 갖는지에 대해 자세히 다루는데, 그의 주장은 오늘날에도 들어 볼 만하다.

안셀무스가 이 책에서 씨름하는 중심 문제는, '하나님은 왜 그리스도가 십자가에서 죽으신 죽음을 통해서만 우리를 구속하셔야 했는가'다. 이보다 훨씬 단순한 방법은 없었을까? 하나님이 그냥 죄 용서를 선언하시고 인간의 죄를 잊어버리셨다고 하면 안 되었을까? 어쨌든 긍휼이 풍성하신 하나님이시라면 바로 그 자비를 보여 주셔서 죄를 못 본 듯이 하시고 죄가 별문제 아니라고 하실 수 없었을까? 이러한 물음에 대하여 그가 제시하는 답변은 대단히 자극적이고도 중요하다.

안셀무스는 하나님의 성품에 여러 가지 측면이 있음을 지적한다. 예를 들어, '그분은 긍휼이 풍성하시며, 또 지혜의 하나님이시며 공의로우신 분이시다.' 이러한 하나님의 속성들은 성경에서 어려움 없이 찾아볼 수 있다. 그런데 이러한 하나님의 속성을 분리시켜 이해하려 하면 안 된다. 하나님은 월요일과 화요일까지는 자비로우시다가 수요일과 목요일에는 지혜로우시고 금요일과 토요일에는 공의로워지시는 분이 아니기 때문이다. 그분은 이 모든 속성을 항상 가지고 계신다.

그러므로 하나님의 여러 속성들 가운데 하나를, 예를 들어 자비와 같은 속성을 따로 분리시켜 그것 하나로 하나님에 대해 모든 것을 말할 수 있는 것처럼 생각해서는 안 된다. 하나님이 자비로우신 것은 사실이지만 그분은 동시에 지혜와 공의의 하나님이신 것이다. 이러한 사실을 염두에 두고 다시 다음 질문들을 해 보자. 하나님은 왜 인간의 죄를 그냥 용서하시고 잊어버리실 수 없는가? 하나님은 결국 자비가 풍성하신 분이 아닌 것인가? 그냥 죄를 용서하신다면 그보다 더 큰 자비가 어디 있을까?

안셀무스도 하나님께서 자비로우시다는 사실을 인정한다. 무엇보다 그 자비로운 성품 때문에 우리를 구속하시게 된 것이다. 그러나 그렇다고 해서 하나님의 공의와 지혜가 잠시 없어지는 것은 아니다. 안셀무스의 이러한 통찰력을 격식을 갖추어 표현해 보자. 하나님의 속성들은 서로 맞물리는 제한된 조건 속에 공존한다. 이 표현을 좀더 쉽게 풀어 쓰면, 하나님의 한 속성(예를 들어 자비의 속성)이 다른 속성(예를 들어 공의)을 파기하지 않고 오히려 그 여러 속성이 모두 개입되는 가운데 하나님이 우리를 대하시는 방법이 결정되는 것이다.

안셀무스의 논의를 요약하면 다음과 같다. 하나님께서 인류를 구속하실 때 자비와 공의라는 두 가지 속성이 모두 개입된다. 하나님은 우선 그 부드러운 자비심 때문에 우리를 구속하기를 원하신다. 그러나 우리를 어떻게 구속해야 할 것인지는 공의로 결정하신다. 이렇게 해서 하나님의 자비와 공의, 두 가지가 모두 인류의 구속에 개입되는데, 그 개입 방법은 각기 다르다. 자비심 때문에 하나님은 구속을 **결정**하시지만, 그의 공의에 의해 어떤 **방법**으로 구속하실 것인가가 결정된다. 즉 하나님의 자비와 공의 중 어느 하나도 유보되지 않은 상태에서 두 가지 모두가 개입되는 것이다. 만일 하나님이 그저 죄가 용서되었다고 선언하신다면 그분의 성품 중 자비의 측면은 만족되었다고 할 수 있지만 공의의 측면은 사라진 것이 된다. 그렇게 되면 죄에 대한 하나님의 없어질 수 없는 적의는 흐지부지해질 것이다. 그 결과 하나님이 스스로 갖고 계신 원리들을 타협하는 떳떳하지 못한 거래를 해 버렸다는 인상을 남기게 될 것이다.

당신은 미국의 레이건^{Ronald Reagan} 대통령이 이란과 무기 거래를 함으로써 일으킨 파란을 기억할 것이다. 근래의 미국 대통령들 가운데 가장 인기 있는 대통령이었던 로널드 레이건은 테러 행위에 대한 전면 거부 의사를 거듭 단언하며 테러 분자들(레이건 대통령은 이란을 테러주의 국가로 규정했다)을 완전히 고립시켜야 한다고 말했다. 그런 자들은 완전히 색출해 내야 하며 그들과는 아무 거래도 하지 말아야 한다고 했다. 그런데 레이건 대통령이 이란에 대한 군 장비 판매 계획을 인준해 준 것으로 밝혀졌다. 이란과 거래하는 것을 반

대해야 한다며 자신의 모든 도덕적 권위를 행사하던 바로 그 사람이 자신이 내세운 원칙과 타협한 것이다. 그의 말과 행동은 일치되지 않았다. 어떤 사람들은 그가 부정직하다고도 했다. 이렇게 해서 그의 인기는 폭락해 버렸는데, 이 사건이 시사하는 바는 분명하다. 만약 당신이 어떤 일을 정죄하고 나섰다면 스스로 그 정죄한 일을 행함으로써 당신이 이미 세워 놓은 원칙과 타협해서는 안 된다는 것이다.

똑같은 원리가 하나님과 하나님의 구속 사역에도 분명히 적용된다. 성경이 분명하게 밝히고 있듯이, 하나님은 전적으로 죄를 거부하신다. 죄인을 사랑하시는 하나님이지만 분명코 죄는 미워하신다. 하나님이 죄를 보고도 눈감아 주신 것으로 알려진다면, 그분의 완전함은 의심받게 될 것이다. 죄를 아무 문제가 되지 않는 것처럼 여기신다면, 성경이 보여 주는 정죄는 공허하게 되고 말 것이다. 만일 하나님이 죄를 죄라고 하지 않고 관용을 베푸신다면, 우리라고 그대로 따라 하지 않을 이유가 없지 않은가? '하나님은 공의로운 **분이시다**'라는 긍정만으로는 부족하다. 공의롭게 행하시는 모습이 **보여야만 한다**. 따라서 하나님이 세계를 구속하신 사건은 하나의 실례가 된다. 하나님이 죄를 정죄하신 만큼 하나님의 공개적 행동은 공의로운 방법으로 진행될 것이가, 아니면 죄를 정죄하면서도 로널드 레이건이 이란에 대해 취한 노선처럼 뒷전에 가서 죄와 모종의 결탁을 하시는 것 아닐까?

로널드 레이건은 이란과 관계를 맺은 자신의 행동을 다음과 같이 설명했다. 이란에 동조하는 집단에 잡혀 있는 미국 인질들이 있었기 때문에 이란과 거래를 함으로써 그 인질들의 석방을 앞당기고 싶었다고. 여기서 우리는 목적이 수단을 정당화시키고 있음을 본다. 그러나 곧이어 나온 여론 조사가 분명히 보여 준 것처럼, 미국의 대중은 그런 행위를 그다지 그럴듯하게 보지 않았다. 목적만 옳다고 되는 것이 아니다. 목적은 물론 수단도 도덕적 원칙에 맞아야 했다. 세계를 구원하는 일은 하나의 목적 또는 목표로서 흠모할 만한 것임이 틀림없다. 그러나 그 계획을 달성하는 수단 역시 원칙에 맞는 것이어야 한다. 하나님은 이 세상을 구속하실 때, 그분의 공의를 공개적으로 보여 주시되 죄를 단호하고도 정당하게 다루고자 하는 결의를 보여 주셔야만 했다.

안셀무스는 자신의 중심 논지를 다음과 같이 썼다.

한 번 손상당한 명예를 회복하기 위하여, 필요한 대가를 지불하지도 않고 하나님이 자비 하나만으로 죄를 용서하신다는 것이 옳은 일인지 생각해 보자.…그런 식으로 죄를 용서하는 것은 죄를 마땅히 처벌해야 하는데도 그냥 넘어가는 것과 다를 것이 없다. 죄를 어떤 응당한 보상이나 처벌 없이 취소하는 것은 옳지 않다. 죄를 처벌하지 않으면 결국 그 죄는 용서되지 않은 채로 남게 되기 때문이다.…그리고 또 다른 사실 하나는 하나님이 만약 죄를 처벌하지 않으신다면 하나님에게는 유죄한 사람이나 무죄한 사람이 아무런 차이가 없는 것이 되어 버리는데, 그것은 도저히 상상할 수 없는 일이다.

그러므로 죄가 있는데도 아무 일 없는 것처럼 하나님이 그냥 용서해 주시고 그 죄를 잊어버리신다는 것은 있을 수 없는 일이다. 하나님은 구속 사역의 모든 과정에서 완전하심을 그대로 유지하신다. 그런데 하나님은 왜 예수님의 죽음을 통해 이 세상을 구속하려 하셨을까? 그 사건이 어떻게 하나님의 공의를 세워 준다는 것일까? 여기서 다시 안셀무스의 논증을 따라가 봄으로써 그가 하나님의 자비와 공의를 어떻게 연합시키는지 살펴보자.

먼저 하나님은 왜 우리를 창조하셨을까? 안셀무스에 따르면, 하나님이 우리를 창조하신 것은 우리에게 영원한 생명을 주시고 복을 주시기 위한 것이었다. 그러나 여기에는 한 가지 조건이 있었다. 곧 그러한 창조의 복은 하나님께 전적으로 순종하느냐에 달린 것이었다. 영원한 생명을 주신다는 약속은 진실한 것이었지만 거기에는 조건이 있었다. 그런데 인간들은 죄로 말미암아 그 조건을 도저히 충족시킬 수 없게 되었다. 죄로 말미암아 하나님께 순종할 수 없게 되었기 때문이다. 영원한 생명을 얻기 위한 전제 조건을 충족시킬 수 없게 된 것이다. 그와 동시에 우리의 죄는 하나님의 진노를 자아낸다. 그러므로 이 죄의 문제를 그대로 두면 우리 인간을 창조하신 하나님의 목적이 좌절되기 때문에 어떤 대책이 마련되지 않으면 안 된다. 안셀무스는 복음이 이 문제의 해결과 관련되어 있다고 선언한다.

안셀무스는 곧 법적 개념을 활용해 사상을 전개한다. 여기서 특히 중요한 개념은 바로 **배상**이라는 법적 개념이다. 당신이 봉건 시대 초기에 살면서 한 지방의 향리, 즉 장원 영주와 분쟁에 연루되었다고 하자. 당신이 달걀 하나를 훔치려다 붙잡혔다면, 당시 봉건 제도의 법은 두 가지를 요구할 것이다. 먼저 당신은 상황을 그 사건 이전의 상태로 회복시켜야 한다. 훔친 달걀을 돌려주어야 한다. 그리고 거기에 덧붙여 당신의 절도 행위로 인해 기분이 상했을 피해자에게 일종의 배상을 해 주어야 한다. 즉 손해 배상이 요구된다. 그 범법 행위가 얼마나 심각한가에 따라 배상액은 더 커질 수 있다.

이런 식으로 안셀무스는 구속의 중심 문제로 접근해 간다. 죄인의 구속은 지은 죄에 대한 배상이 이루어질 때에만 가능하다. 그러나 인류의 죄에 대해 우리가 배상할 수는 없다. 우리는 스스로를 구속할 수 없다. 그것은 우리가 하나님께로부터 영생을 얻기 위해 마땅히 해야 할 기본적인 순종을 할 수 없기 때문만이 아니라, 우리의 불순종으로 인해 우리에게 하나님의 진노에 대한 배상 능력이 없기 때문이다. 그런데―여기서 안셀무스의 논증은 절정에 이른다―바로 하나님이 직접 배상하신다면 필요한 배상이 이루어질 수 있다.

안셀무스의 논지는 다음과 같이 정리할 수 있다.

1. 하나님이 주시는 영생을 얻으려면 배상의 의무가 요구되는데, 인간은 그것을 할 능력이 없다.
2. 하나님이 인간 대신 이러한 배상을 할 의무는 없다. 그러나 하나님은 필요한 배상을 할 능력을 갖고 계신다.
3. 그러므로 하나님이 인간이 되신다면, 그 결과 존재하게 되는

신인神人은 죄로 인해 생겨난 상황을 회복시킬 의무와 더불어 능력도 갖게 되므로 우리에게 영생을 줄 수 있다.

안셀무스는 계속해서 성육신, 즉 하나님이 인간이 되심을 통해 구속의 문제가 제대로 해결된다고 주장했다. 안셀무스는 성육신이 심오한 의미를 가진다는 사실을 입증했다. 만약 하나님이 진실로 우리 인간들을 구속하려 하신다면, 그분은 한 인간으로 오시지 않으면 안 되었다는 것이다.

안셀무스는 여기서 더 나아가 우리의 불순종이 그리스도의 순종으로 말미암아 배상된다는 점을 강조한다. 만일 그리스도가 우리와 마찬가지로 인간의 속성을 지닌 평범한 사람에 지나지 않았다면 그를 통한 구속은 불가능했을 것이다. 그의 죽음이 어떤 특별한 가치를 갖지 못했을 것이기 때문이다. 그러나 그리스도는 바로 성육신하신 하나님이기 때문에 인간의 죄로 말미암아 저질러진 문제에 대해 필요한 배상을 하실 수 있었고, 그 결과 영생의 가능성이 생길 수 있었다. 십자가에 달려 죽으심으로 그 정점에 이르렀던 그리스도의 순종을 통해 우리의 불순종에 대한 배상이 이루어졌다. 여기서 안셀무스는 바울이 전한 특별한 사상 가운데 하나인 아담의 불순종과 그리스도의 순종과의 대비 개념을 설명한다. "한 사람이 순종하지 아니함으로 많은 사람이 죄인 된 것 같이 한 사람이 순종하심으로 많은 사람이 의인이 되리라" 롬 5:19.

안셀무스가 그리스도의 죽음을 이해하는 것에 관해 분명 질문이 많을 것이다. 예를 들어 그가 하나님에 대해, 사사로운 일로도 쉽게 마음 상하는 봉건 영주인 것처럼 말하기 때문에 현대의 많은 독자들은 그러한 비유를 봉건 시대적 사고에서 나온 것으로 본다. 물론 안셀무스도 보통 설교자가 하듯이 신학적 요점을 설명하기 위해 그 시대에 걸맞은 비유를 들었을 뿐이라고 해명할 것이다. 봉건 시대에는 봉건 시대적 비유를 쓰게 마련이 아니냐는 것이다. 어쨌든 안셀무스의 논증에 대해 우리가 인정할 것은, 그가 전개한 논의의 어떤 부분은 매우 강력하고도 설득력 있게 입증되었다는 것이다. 하나님은 우리 인류를 구속하실 때 의심스러운 방법을 사용하지 않으셨을 뿐 아니라 죄는 죄로서 진지하게 다루셨다는 점이다.

하나님은 결코 '걱정하지 말아라. 죄는 그냥 없었던 걸로 생각하면 되니까'라는 식으로 말씀하지 않으신다. 그런 태도는 누구든 충격적일 만큼 피상적이라고 생각할 것이다. 그러나 하나님은 죄의 문제는 그 근본에까지 간섭해서 진지하게 다루어져야 하며 **진정으로** 용서받아야 한다고 말씀하신다. 우리가 정말 죄라는 것이 어떤 것인지를 안다면, 우리의 이 심각한 죄가 진정으로 용서받아야 할 것임을 알 것이다. 또 우리의 죄는 정말로 취소되었고 용서받았기 때문에 우리는 우리를 사랑하시는 하나님 품 안에서 온전한 안식을 누리게 되었다는 사실도 알아야 한다. 용서를 위해서는 아주 값비싼 대가가 지불되어야 한다는 것도 입증되었다. 그러나 동시에 우리를 구속하기 위한 대가가 큰 만큼 우리가 하나님 앞에서 얼마나 소중한 존재인가도 알아야 한다. 만일 하나님이 우리를 용서하기 위해 그렇게까지 하셔서 우리를 자신과 교제하도록 회복시키셨다면, 우리는 하나님 앞에서 소중한 존재임에 틀림이 없다.

안셀무스의 중심 사상 가운데 하나는 죄란 무거운 빚과도 같다는 것이다. 이러한 개념은 요즘 점점 더 의미가 확실해지고 있다. 20세기의 마지막 몇십 년을 사는 우리가 직면한 커다란 문제들 가운데 하나는 과도한 채무다. 신용 카드를 관리하는 금융 회사들이 생겨서 과거에는 상상할 수 없는 방법, 즉 신용 카드 한 장만 있으면 물건을 살 수 있는 제도를 마련해 주었다. 그 결과 많은 사람들이 점차 심각한 빚더미에 올라앉게 되었다. 도저히 갚을 가망이 없을 만큼의 금액을 부채로 떠안게 된 것이다. 이런 상황에서 벗어날 방법은 아무것도 없다. 그들은 이제 함정에 걸려든 것이다.

시간이 지날수록 이자가 불어나고 수수료도 많아지기 때문에 상황은 점점 악화된다. 일단 이런 상황에 빠지면 도저히 거기서 벗어날 수가 없다. 물론 그와 같은 문제가 없는 척할 수도 있겠지만 안타깝게도 그러한 태도가 상황을 바꿔 주지는 못한다. 오히려 낙심하는 마음이 그들을 사로잡을 것이고, 재정적 문제가 가진 위력에 압도되어 위협마저 느낄 것이다. 생명이 없는 이 문제가 살아서 움직이는 적으로 군림하기 시작한다. 이런 경험을 해 본 적이 없다면, 그런 상황에 빠졌다고 한번 상상해 보라. 그 절망감과 근심이 어느 정도일까?

안셀무스는 갚을 가망 없는 엄청난 빚을 지고 있는 상황과 비교해 죄의 상황이 어떤 것인지를 생각해 보라고 말한다. 우리는 이 빚을 도저히 갚을 수가 없다. 그러나 이 엄청난 죄의 영향권으로부터 해방되기 위해서는 빚을 청산해야 한다. 하나님의 공의는 그 빚을 갚으라고 요구한다. 그런데 마침 자비로우신 하나님이 우리 대신 빚을 갚아 주겠다고 약속하고 계시는 것이다. 당신이 만든 그 막대한 빚을 누군가가 청산해 준다고 했을 때 생기는 엄청난 안도감은 어떤 것일까? 어마어마한 그 짐이 없어졌기 때문에 당신은 다시금 허리를 펴고 걸을 수 있게 된 것이다.

안셀무스는 신약성경에 충실하고자 한다. 그러나 그 점에서 우리가 바라는 만큼 완전하지 못할지도 모른다. 우리가 적정선이라고 느끼는 것보다 신약성경의 내용에서 벗어나고 있는지도 모른다. 그러나 그는 불변의 영원한 진리를 찾으려고 고심했다. 십자가가 구속적 가치를 지니려면 그리스도의 신성을 인정해야만 한다는 것이다. 그리스도가 단순한 한 인간에 지나지 않았다면, 비록 그가 십자가에서 죽었더라도 인류가 그의 죽음으로부터 얻을 수 있는 것은 아무것도 없었을 것이다. 예수님이 다름 아닌 성육신하신 하나님이라는 사실 때문에 그의 죽음을 통해 우리에게 구속과 영원한 생명이 주어진 것이다. 여러 측면에서 안셀무스는 수 세기 전 한 시인이 "십자가의 꿈"이라는 작품에서 읊었던 중요한 사실을 되뇌고 있다.

이는 영광의 나무이니
전능하신 하나님이 고통 참으신 나무로다.
인류의 온갖 죄악을 위하여
태고적 아담의 죄를 위하여.

더 읽어 볼 자료

○   안셀무스가 남긴 여러 편의 기도문과 명상록은 매우 감동적이다. 많은 작품들이 『성 안셀무스의 기도와 묵상』*The Prayers and Meditations of Saint Anselm*, 1979이라는 펭귄 고전문고에 들어 있다.

○   안셀무스의 글 "왜 신이 인간이 되었는가"Why God Became Man는 딘S. N. Deane이 번역한 『성 안셀무스: 대표작품』*Saint Anselm: Basic Writings*, 1998에 나온다. pp. 171-288를 보라.

○   안셀무스의 생애와 작품에 관한 뛰어난 입문서를 찾는다면, 길리언 에반스Gillian R. Evans의 『안셀무스』*Anselm*, 2005를 보라.

4장

토마스 아퀴나스
신앙과 이성

하나님은 인간의 말과 상징을 통해
믿을 만하게 그리고 적절하게 자신을
계시하는 분이시다.

_토마스 아퀴나스 Thomas Aquinas(1225-1274)

12세기 들어 서유럽은 정치적으로 안정되면서 르네상스가 시작되었다. 과학, 문예, 종교 등에 대한 관심이 널리 퍼져 갔다. 이러한 부흥 운동의 중심지 가운데 하나가 파리시와 파리 대학교였는데, 유럽 전역에서 학자들이 모여들어 가르치고 있었다. 그러나 초기 파리 대학교는 여러 학부를 모아 놓은 것에 불과했다. 주요 학부 가운데 몇몇은 당시 거의 완공 단계에 있던 노트르담 대성당에 인접한 시테섬(센강에 있는 두 개의 자연 섬 가운데 하나―옮긴이)에 세워졌다. 12세기 신학자들이 쓴 글을 보면, 그 대성당을 건축하는 공사장에서 석공들이 일으키는 소음 때문에 연구에 많은 어려움을 겪었다고 한다. 다른 학부들은 센강의 왼편에 있었는데, 그 가운데 하나가 '소르본'으로 이 학부는 높은 명성을 얻어 훗날 파리 대학교를 가리키는 대명사가 되었다. 16세기에도 파리는 신학과 철학 연구의 중심지로 널리 인정받았는데, 여기서 배출된 학자로는 로테르담의 에라스무스Erasmus of Rotterdam, 장 칼뱅 같은 이들이 있다.

중세를 통틀어 파리 대학교에서 가르쳤던 가장 유명한 선생을 들어 보라면 토마스 아퀴나스Thomas Aquinas, 약 1225-1274를 빼놓을 수 없다. 아퀴나스는 이탈리아의 로카세카라는 성에서 아퀴노의 란둘프Landulf of Aquino 백작의 막내아들로 태어났다. 그에게 붙여진 별명―

그는 '벙어리 황소'라는 별명을 가지고 있었다 – 으로 미루어 풍채가 당당한 사람이었던 것 같다. 아퀴나스는 10대 후반에 접어들 무렵인 1244년 '설교자들의 교단'이라고 알려진 도미니크 교단에 가입하기로 결정했다. 그러나 아퀴나스의 부모는 그러한 그의 생각에 반대했다. 그들은 아들이 베네딕트 교단의 수도사가 되어 중세 교회에서 가장 막강한 위세를 떨치던 몬테 카시노 수도원의 원장이 되기를 은근히 바라고 있었다. 아퀴나스의 형제들이 그를 강제로 붙들어 마음을 돌이키기 위해 약 1년간 가문 소유의 한 성에 감금해 두기도 했다. 이와 같은 가족들의 심한 만류에도 불구하고 아퀴나스는 끝내 자신이 선택한 길을 걸었고, 중세의 가장 중요한 종교 사상가가 되었다. 그의 스승들 가운데 한 사람은, "저 황소의 울부짖는 소리가 온 세상 사람들의 귀에 울리게 될 것이다"라고 했다.

1248년 쾰른으로 이주하기 전까지 아퀴나스는 파리에 머무르며 공부했고, 1252년에 다시 파리로 돌아와 신학을 공부했다. 그리고 4년 후 그는 대학교에서 신학을 가르칠 자격을 얻었다. 그 후 3년 동안 그는 마태복음에 대한 강의를 하면서『이교도대전』Summa Contra Gentiles을 쓰기 시작했다. 이 중요한 저술을 통해 아퀴나스는 회교도나 유대인에게 복음을 전파하는 선교사들이 기독교 신앙을 설명할 때 알아야 할 꼭 필요한 논증들을 제공했다. 1266년 그는 그의 많은 저작들 가운데서도 가장 유명한『신학대전』Summa Thelogiae을 쓰기 시작했다('Summa Thelogiae'를 풀어서 쓰면 '신학에 대하여 알고 싶은 모든 것'쯤 된다). 그 저술을 끝내 완성하지 못한 아퀴나스는 1273년 12월 6일, 더 이상 쓸 수 없다고 선언하기에 이른다. "내가 지금까지 쓴 것을 다 합쳐 봐야 한낱 지푸라기와 같다"고 그는 말했다. 저술 활동에 너무 많은 노력을 기울인 나머지 일종의 신경쇠약 증세를 일으킨 것 같다. 1274년 3월 7일, 그는 세상을 떠났다.

비록 미완성이긴 하지만 그의 『신학대전』은 대작이다. 이 작품에서 그는 512개의 질문을 제시하고, 2,669개의 소논문을 썼으며, 1천 개가 넘는 반박 질문과 그에 대한 답변을 적고 있다. 아직도 기독교 신학의 여러 방면에 대한 고귀한 입문서로서 의미 있는 이 책은 이제 독자들이 쉽게 번역판을 구해 읽을 수 있다. 이 『신학대전』이 다루고 있는 분야 가운데 특히 중요한 것은 '신앙과 이성의 관계'다.

당신을 포함한 많은 그리스도인의 궁금증 가운데 하나는 신앙의 **합리성**에 관한 것이다. 그리스도인이 되는 것은 지적 자살을 시도하는 것인가? 당신이 신앙에 대해 오랫동안 진지하게 생각해 왔다면 이러한 질문은 말도 안 된다고 생각하겠지만, 그렇다 하더라도 결론에 대해서는 조금의 의문을 제기하고 있을지도 모르겠다. 신앙과 이성은 어떤 깊은 모순 관계가 있지 않을까? 예를 들어, 하나님에 대한 믿음이라는 것을 생각해 보자. 그것은 과연 합리적인가? 하나님에 대한 신앙을 갖는 것이 말이 된다면 그 이유는 무엇인가?

여기서 하나님의 존재가 합리적으로 입증될 수 있다고 말하려는 것은 아니다. 그것은 항상 믿음의 문제라고 여겨졌다. 사실 오스트리아의 철학자 루드비히 비트겐슈타인Ludwig Wittgenstein은, 이렇다 할 논증이 성립하기 때문에 하나님을 믿은 사람은 하나도 없다고 주장하지 않았던가? 정작 여기서 말하려는 것은 조금 색다른 것이다. 즉 당신이 하나님을 **믿게 되었다면** 그 믿음을 합리적으로 증명할 수 있느냐는 것이다. 당신이 믿음을 갖게 된 것은 하나님에 대한 어떤 논증 때문이 아니다. 하지만 일단 당신이 신앙을 **갖게 되었을** 때 그 신앙이 합리적인가는 물어 볼 수 있을 것이다. 예를 들어 당신이 고백하는 신앙이 내적 일관성을 가지느냐는 질문이다. 혹시 신앙은 명백한 모순을 동반하는 것이 아닐까?

하나님을 믿는 믿음을 예로 들어 보자. 모을 수 있는 모든 증거들이 하나님의 존재를 부인할 때, 그 믿음을 지키는 것은 조금 어려울 것이다. 하나님이 존재하지 않는다는 모든 증거가 당신을 짓눌러 당신은 담벼락에 등을 들이대고 있다고 느낄지도 모른다. 그러므로 모든 반증에도 불구하고 하나님의 존재를 믿는 나의 신앙이 과연 타당성이 있는가를 묻는 것은 합리적인 질문인 것이다. 여기서 우리가 하나님이 **정말 존재하신다**는 것을 증명할 수 있으리라는 기대는 할 수 없다. 그러나 최소한 당신이 하나님은 누구이며 어떤 모습으로 존재하는 분이신가에 대해 기독교에서 말하는 대로 이해하고 있다고 가정해 보자. 그렇다면 당신이 가지고 있는 세상에 대한 지식은 하나님의 존재를 믿는 믿음과 잘 들어맞을 것이라고 기대할 수 있다. 이러한 논의는 최근 C. S. 루이스에 의해 더욱 발전되었는데, 그에 대해서는 뒷장에서 살펴보도록 하겠다.

이 논의에 대해 아퀴나스가 기여한 바는 매우 크다. 어떤 철학자들은 아퀴나스의 특기를 신의 존재 증명이라고 생각하는 것 같은데, 그것은 분명 잘못된 것이다. 나는 지금 아퀴나스의 『신학대전』 표준판을 펴 놓고 있다. 그것은 4천 페이지가 넘는 분량의 책이지만, '하나님은 과연 존재하시는가?'에 대한 논의는 두 페이지 정도만 할애되어 있다. 따라서 하나님의 존재를 믿는 이유에 대해 논하는 자리에서 아퀴나스가 기독교 신앙의 기초를 증명하기 위해 나섰을 것 같지는 않다. 그가 하나님의 존재를 믿게 된 일차적인 이유가 하나님의 자기 계시 때문이라는 사실은 명백하다. 아퀴나스는 독자들도 자기가 가진 하나님에 대한 신앙을 하나의 필수적 전제로서 공유하길 바랐을 뿐 그들에게 먼저 신의 존재에 대해 증명하려 하지는 않았다. 한편 아퀴나스는 신의 존재를 증명하기 위해 성경 이외의 자료들을 찾아보는 것도 적절하다고 믿었다. 사실 어떻게 보면 바울도 그러한 접근 방식을 암시하고 있는 것 같다 롬 1:19-21. 그러나 그러한 논증이나 근거 들은 일종의 지지 **자료**일 뿐 하나님의 존재에 대한 **증명**이 될 수는 없다.

그러면 아퀴나스는 하나님이 존재한다는 사실을 지지하는 자료로 어떤 것들을 들고 있는가? 아퀴나스의 기본 논리는, 우리가 살고 있는 이 세상이 창조주이신 하나님을 반영하고 있다는 것이다. 화가가 자신의 작품에 사인을 해서 자신의 작품임을 밝히듯 하나님도 손수 지으신 피조 세계에 사인을 하셨다는 것이다. 이 세계에서 우리가 관찰할 수 있는 것은 창조주 하나님이 계심을 전제로 할 때 설명될 수 있다. 하나님은 이 세계의 제1원인이며, 세계를 고안한 디자이너다. 하나님은 이 세상을 창조하셨을 뿐 아니라 세상이 자신을 닮은 모습이 되도록 자신의 형상을 새겨 넣으셨다.

그러면 하나님에 대한 증거를 찾기 위해 우리는 이 피조 세계의 어디를 살펴볼 것인가? 시편 기자는 별들이 반짝이는 하늘이 하나님의 계심과 그분의 영광을 선포한다고 했다시 19:1-3. 그러나 아퀴나스는 이 세상이 질서정연한 모습으로 존재하고 있기 때문에 하나님의 존재와 지혜를 믿을 수밖에 없다고 말한다. 이 논증은 보통 '의장설'意匠說 또는 '목적론적 증명' teleological argument이라고 알려진 것으로, 아퀴나스 이후 중요한 하나의 논증이 되었다. 여기서 아퀴나스가 신이 존재함을 지지하는 자료로 제시했던 다섯 가지 논증들(이것을 '다섯 가지 방법' Five Ways이라고 부르기도 한다)을 약술해 보고자 한다.

첫째 방법은 이 세상 모든 것들이 운동하거나 변화한다는 관찰로부터 시작한다. 이 세계는 정적이지 않고 동적이다. 그 예들을 우리는 쉽게 찾을 수 있다. 비는 하늘에서 떨어진다. 돌들은 계곡을 따라 굴러 내려간다. 지구는 태양의 주변을 돈다(물론 그때 아퀴나스에게 알려진 바는 아니었겠지만). 그런데 이 자연 만물은 왜 이렇게 움직이고 있을까? 왜 그것은 정지 상태에 있지 않을까?

아퀴나스는 모든 물체가 자기 밖의 원인에 의해 움직인다고 주장한다. 모든 운동에는 원인이 있기 때문이다. 어떤 사물이든 스스로 움직이는 것은 없고, 무언가에 의해 움직여지는 것이다. 그렇다면 이러한 운동의 원인자原因子에게도 그것을 움직이는 또 다른 원인이 있을 것이다. 또한 그 배후의 원인도 분명히 또 다른 원인을 가지고 있을 것이다. 그러므로 아퀴나스는 우리가 인식하고 있는 이 세계의 이면에는 일련의 운동 원인들이 연결되어 있다고 주장한다. 그런데 그러한 원인들이 무한하지 않다면, 그 연결 고리의 맨 처음에는 오직 하나의 원인자가 있을 것이라고 주장한다. 바로 이 운동의 근원으로부터 궁극적으로 다른 모든 운동이 유출되었을 것이다. 이것이 바로 인과율의 장대한 연결 사슬의 근원이며, 우리는 세계가 돌아가는 모습 속에서 이 사실이 드러나고 있음을 보게 된다. 아퀴나스는 이같이 만물이 운동하고 있다는 사실로부터 모든 운동의 근원인 최초의 단일 원인자의 존재를 증명하고 나서, 그것이 바로 하나님이시라는 결론을 내린다.

둘째 방법은 인과 관계라는 개념으로 시작한다. 아퀴나스는 세상에 원인과 결과가 있음을 주목했다. 한 사건(결과)은 다른 어떤 사건(원인)의 영향을 받은 것으로 설명될 수 있을 것이다. 위에서 간략히 살펴본 운동의 개념은 이 원인-결과의 연관성을 보여 주는 좋은 예다. 위에서 사용한 것과 유사한 논리를 사용해 아퀴나스는 결국 거슬러 올라가 보면 모든 결과는 하나의 원인, 즉 하나님에게 이르게 된다고 주장한다.

셋째 방법은 우연적 존재와 관련이 있다. 이 세상에는 우리 인간들과 같이, 반드시 있어야 하기 때문에 있는 것이 아닌 존재들이 있다. 아퀴나스는 그러한 존재들을 필연적 존재와 대비시켰다. 하나님은 필연적 존재이지만, 우리는 우연적 존재다. 그러므로 우리가 지금 여기에 **존재한다**는 사실은 설명을 필요로 한다. 우리는 여기에 왜 존재하는가? 우리가 존재하기까지 어떤 일들이 있었는가?

여기서 아퀴나스는 주장하기를, 어떤 존재가 있다면 그것을 존재하게 하는 그 무엇이 있다고 했다. 다시 말해 우리의 존재함은 다른 존재에 의한 것이다. 우리는 일련의 인과율의 소산이다. 아퀴나스는 이 인과율의 사슬을 따라 근원으로 거슬러 가 보면 존재의 근원적 작인(作因)은 필연적 존재인 하나님밖에 없다고 선언한다.

넷째 방법은 진리, 선, 숭고함 등과 같은 인간의 가치로부터 출발한다. 이러한 가치는 어디서 온 것인가? 왜 있는 것인가? 아퀴나스는 분명 본질적으로 진실하고 선하고 숭고한 무엇이 있을 것이라고 보는데, 바로 그 본질적 존재로부터 진리와 선, 숭고함 등의 개념이 나오게 되었다고 주장한다. 이러한 개념들의 기원이 바로 하나님이다. 이 논증을 상당히 정교하게 발전시킨 사람이 C. S. 루이스인데, 그에 대해서는 11장에서 토의하도록 하겠다.

마지막 다섯째 방법은 목적론적 논증이다. 아퀴나스는 세계가 지적으로 뛰어난 존재에 의해 고안되었다는 명백한 흔적이 있다고 말한다. 자연 속에서 발견되는 어떤 과정이나 물체는 명백한 목표들에 맞게 고안된 것처럼 보인다. 그것들은 어떤 목적을 띠고 있으며, 누군가 설계해 놓은 듯이 보인다. 하지만 물체 스스로가 고안했을 리는 없다. 그들 이외의 존재에 의해 생긴 것이며 고안된 것이다. 이러한 관찰로부터 아퀴나스는 자연의 질서가 형성된 근원이 하나님임에 틀림없다고 결론 내린다.

지금까지 살펴본 다섯 가지 논증은 분명 거의 비슷하다. 각 논증은 원인적 연관성을 근원으로 따져 올라가 그 근원을 하나님과 동일하게 놓고 있다. 그렇지만 그러한 논증들이 "우리 주 예수 그리스도의 아버지 하나님"벧전 1:3의 실존을 입증해 주는 것은 아니다. 그러한 논증들은 기껏해야 이 세계를 지으신 창조주 혹은 이 세상에서 발생하는 사건들의 원동자로서 활동하는 어떤 지적 존재를 믿는 것이 합리적이라는 제안에 지나지 않는다. 그러므로 그러한 논증이 있다고 해도 여전히 믿음에 이르기 위한 도약은 필요하다. 논증에서 제시한 그 창조주 또는 지적 존재가 바로 우리 그리스도인들이 알고 경배하며 흠모하는 하나님임을 보여 주어야 하기 때문이다. 아퀴나스의 논증을 따른다면, 희랍 철학자 아리스토텔레스가 말한 움직이지 않는 운동자$^{Unmoved\ Mover}$, 곧 자신이 만든 세상에서 일어나는 일에 대해 관여하지 않는 신을 믿을 수도 있을 것이다. 어쨌든 이러한 아퀴나스의 논증은 그리스도인 독자들의 신앙에 도움이 되는 유용한 자료가 된다. 이 자료들이 성경에서 말하는 하나님을 믿도록 하지는 못하지만 이미 성경적 믿음을 가진 사람들에게는 어느 정도 유용한 자료로서 기독교 신앙의 타당성을 보여 줄 수 있기 때문이다.

그러나 기독교 신앙의 합리성을 더욱 신중하게 토론하기 위해서라면 하나님을 믿는 것이 합리적이라는 사실을 보여 주는 것만으로는 부족하다. 그것은 인간의 이성이 파악할 수 있는 한계를 훨씬 넘어서는, 살아 계신 하나님의 존재를 놓고 씨름하는 것이므로, 인간 이성의 한계에 대하여 조심스럽게 연구해 보아야 한다. 인간의 이성으로 어느 정도까지 하나님에게 이를 수 있을까? 만일 하나님이 이 세상 위에, 이 세상을 넘어서 초월적으로 존재하시는 분이라면, 어떻게 인간의 언어를 가지고 하나님을 설명하거나 하나님에 대해 논의할 수 있겠는가? 비트겐슈타인은 이 문제의 정곡을 찔러,

"인간의 언어가 커피의 향기를 표현하는 데도 부족하다고 할진대 **정말로** 복잡한 이 문제를 어떻게 다룰 수 있단 말인가?"라고 말했다.

여기서 아퀴나스가 발전시킨 기본 개념은 매우 중요하여 기독교 사상사에서 오래도록 그 중요성을 유지하고 있다. 그것은 '유비이론'類比理論이라 부르는 것으로, 하나님은 자신을 계시하실 때 우리의 일상생활의 경험과 관련 있는 형태로 하신다는 것이다. 우리 인간의 지성이 박약하고 제한되어 있기 때문에 하나님은 우리가 이해할 수 있는 방법으로 자신을 계시하신다. 칼뱅이 즐겨 쓰던 말로 하면, 하나님은 우리가 이해할 수 있는 분량에 맞게 조절하신다accommodate.

이 논점을 이해하기 위해 예를 하나 들어 보자. '하나님은 우리의 아버지시다'라는 말을 생각해 보자. 아퀴나스는 이 말이 '하나님은 우리를 낳아 주신 아버지와 **같은** 분'이시라는 뜻이라고 주장한다. 하나님은 우리를 낳아 주신 아버지에 비유된다. 그러나 어떤 면에서 그렇기도 하고 또 그렇지 않기도 하다. 어쨌든 정말로 비슷한 점들이 있다. 하나님은 인간의 아버지들이 자녀를 돌보듯이 우리를 돌보아 주신다마 7:9-11을 보라. 하나님은 우리의 아버지들이 우리를 태어나게 한 것처럼, 우리 존재의 궁극적 근원이시다. 하나님은 우리의 아버지들이 그러하듯 우리에게 권위를 행사하신다. 그런가 하면 하나님 아버지와 인간의 아버지 사이에는 명백한 차이점들이 있다. 하나님은 인간이 아니다. 그뿐 아니라 우리의 아버지들이 어머니들을 필요로 했다고 해서 하나님의 짝으로서 하늘에 계신 어머니가 필요한 것은 아니다.

아퀴나스가 말하려는 요점은 분명하다. 하나님은 우리의 일상 생활에 맞는 비유나 관념들을 통해 자신을 계시하시지만, 그 계시로 인해 하나님이 일상 세계의 수준으로 축소되지는 않는다는 것이다. 우리가 "하나님은 우리의 아버지시다"라고 말한다고 해도 그분을 어떤 인간의 아버지라고 생각하지는 않는다. 오히려 우리는 인간의 아버지에 대해 생각함으로써 하나님에 대해 생각하는 데 도움을 얻는다. 이러한 비교를 유비라고 한다. 모든 유비가 그러하듯이 하나님과 아버지를 비교하는 것도 어떠한 곳에 이르면 차이점을 보인다. 그렇지만 그것은 여전히 하나님에 대한 사고를 도와주는 유용하고도 실감 나는 방법임에 틀림없다.

유비를 사용하는 것이 왜 중요한가? 두 가지를 말할 수 있다. 첫째, 유비를 통해 하나님은 우리가 이해할 수 있는 방법으로 자신을 계시하실 수 있기 때문이다. 성경이 하나님에 대해 사용하고 있는 상징들(목자, 왕, 아버지 등)은 의외로 단순하다. 그것들은 쉽게 떠올릴 수 있는 것들이며 기억하기도 쉽다. 하지만 좀더 깊이 생각해 보면 그 상징들은 하나님에 대한 중요하고도 심오한 진리를 전달해 준다. 성육신 교리는 우리 수준에까지 내려오실 수 있었던 하나님의 선한 의지와 능력을 나타낸다. 하나님은 우리가 이해할 수 있는 예화를 사용하심으로써, 인간의 수준과 능력에 적합한 방법으로 자신을 계시하신 것이다.

하나님을 목자로 혹은 아버지로 생각해 보는 것은 간단하다. 그러나 그것이 곧 하나님은 목자이시고, 하나님은 한낱 인간의 아버지**시다**라는 말은 아닐 것이다. 만일 그렇다면 하나님을 순전히 인간적인 수준으로 끌어내리는 결과가 생길 것이다. '목자'나 '아버지' 와 같은 상징들은 하나님이 어떤 분이신가를 생각하는 데 도움을 줄 뿐이다. 하나님은 목자나 아버지와 **같다**. 이 상징들 자체가 하나님과 동일한 것이 아니라 하나님의 모습에 **견주어진 것**일 뿐이다. 유비란, 하나님이 인간의 언어로 계시되었으되 우리 인간의 수준으로 축소되는 것은 아님을 의미한다.

다른 예를 들어 보면 좀더 논지가 분명해질지 모르겠다. 성경은 가끔 하나님을 반석에 비유한다.^{예. 시 18:2; 28:1; 42:9; 78:35; 89:26}. 그러나 그것은 하나님이 바위라는 뜻이 아니다. 만일 그렇다면 하나님을 어떤 물리적 대상으로 만드는 것이 되어 온갖 우상 숭배의 개념이 만발하게 될 것이다. 그 말이 실제로 가리키는 것은 좀 다른 것이다. 어느 누구도 하나님을 바위와 같은 생명이 없는 자연물이라고 생각하지 않는다. 하나님은 그 성품이 흔들림 없이 강하고 우리를 든든하게 붙들어 주는 분이시므로 반석과 같다고 하는 것이다.

둘째, 유비는 기억에 잘 남는 특징이 있기 때문이다. 그것은 강력한 시각적 상징으로 우리의 상상력을 자극한다. 그 상징들은 우리로 하여금 하나님을 생각하게 한다. 하나님을 추상적인 용어로 말하면 지루해질 뿐 아니라 우리 머릿속에 남는 것이 아무것도 없다. '백문이불여일견'^{百聞而不如一見}이라는 말을 우리는 아주 잘 알고 있다. 하나님에 대해 말할 때, 그분은 우리의 삶 속에서 우리를 돌보시고 인도하시며 우리와 동행하시는 분이라고 말해도 틀릴 것은 없다. 그러나 하나님을 목자라고 한다—사실 이 한마디는 위의 서술적 표현 세 가지를 모두 내포한다—면 훨씬 더 기억에 남지 않을까? 당신은 하나님이 목자라는 사실을 주요 성경 구절들과 연결하여 기억할 수 있을 것이다.예. 시 23편. 또 거기 쓰인 여러 상징들을 생각할 때 그것이 전달하는 여러 가지 개념들을 술술 풀어 나갈 수 있을 것이다.

예수님이 친히 말씀하신 비유들은 이 둘째 이유를 입증하는 고전적 실례들이라 하겠다. 그 비유들은 일상생활에서 따온 생생한 상징들로서 하나님의 단면을 들여다볼 수 있는 창문과 같은 역할을 한다. 용서 또는 선과 악의 공존 등과 같은 복잡한 개념을 간단한 회화로 표현할 수도 있다. 그러나 그 비유들은 결코 하나님을 자연 세계의 수준으로 축소시키지 않는다. 오히려 우리 인간들이 기억하고 이해할 수 있는 방법으로 자신을 계시할 수 있으신 하나님의 능력과 결의를 보여 줄 뿐이다. 비유를 통한 하나님의 자기 계시는 우리 인간의 박약함과 연약함을 잘 아시는 하나님 편에서의 양보다. 바울도 일상생활의 예를 들어 중요한 신학적 논점을 전개했다.예. 갈 3:15.

그러나 우리 모두 경험을 통해 알고 있듯이 유비가 항상 다 맞아떨어지는 것은 아니다. 어느 부분에 이르면 더 이상 상관관계를 추적할 수 없는 지점에 다다른다. 그러면 우리는 어디서 유비가 한계에 이른 것을 알 수 있을까? 이 질문에 대한 답을 구하기에 앞서 한 예를 들어 보자. 신약성경은 예수님이 자기의 생명을 죄인들을 위한 대속물로 주신 것에 대해 말한다.막 10:45; 딤전 2:6. 이 비유가 의미하는 바는 무엇인가? 일상생활에서 사용되는 '대속물'이란 말은 다음 세 가지 개념을 가졌다.

1. **해방**. 대속물은 포로나 인질로 잡힌 사람을 풀어 주는 데 쓰이는 것이다. 어떤 사람이 납치를 당했을 때 곧 몸값이 요구되는데, 이때 몸값을 지불하면 그 인질은 풀려나게 된다.
2. **지불**. 대속물은 붙잡힌 사람이 풀려나도록 지불한 돈의 총액을 의미한다.
3. **대속물(혹은 몸값)을 받아 취하는 사람**. 대속물(혹은 몸값)은 대개 그 인질을 잡아 놓고 있던 인질범이나 하수인에게 지불된다.

예수님의 죽음을 죄인들에 대한 '대속물'이라고 할 때 위에서 말한 세 가지 개념이 다 포함될 것 같다.

그러나 성경에 이 세 가지 개념이 **모두** 나타나는가? 예수님의 죽음과 부활을 통해 우리가 포로 상태에서 해방된 것을 신약성경이 선포하고 있다는 사실에는 조금의 의심도 없다. 우리는 죄와 죽음의 공포에서 해방되었다롬 8:21; 히 2:15. 또한 신약성경이 예수님의 죽음을 우리의 해방을 성취하기 위해 지불되어야만 했던 값으로 보는 것도 분명한 사실이다고전 6:20; 7:23. 우리의 해방은 그만큼 고귀한 것이다. 이 두 가지 점에서는 성경에서 사용된 '구속'이라는 말의 뜻이 그 일상적 용도와 같다. 그러나 세 번째 의미에서는 어떠한가?

신약성경에는 예수님의 죽음이 우리의 해방을 위해 누군가에게 (예를 들어, 마귀에게) 치러진 값이라는 암시가 한 군데도 없다. 그러나 기독교가 생긴 이후 처음 4세기 동안 활동한 저자들 가운데는 그 비유를 극단으로 몰고 가서, 하나님은 우리를 풀어 주기 위한 값으로 마귀에게 예수님을 넘겨줌으로써 우리를 마귀의 권세로부터 구하셨다고 하는 이들이 있었다. 그러나 이 개념에 대한 성경적 근거는 전혀 없으며, 이러한 주장은 결국 신약성경에 나타난 예수 그리스도의 죽음의 의미를 심각하게 왜곡하는 것이다. 이렇게 우리가 유비를 지나치게 극단으로 몰고 가게 되면 오류에 빠지게 되므로 그 한계를 고려해 보는 것이 중요하다.

성경은 하나님이나 구원에 대해 한 가지만이 아니라 여러 가지 다양한 유비를 들고 있다. 한편 그 유비들은 연관성을 가지며, 서로 의미의 한계를 설정해 주기도 한다. 또 우리로 하여금 다른 유비의 한계가 무엇인지를 이해하도록 도와주기도 한다. 어떤 유비나 비유도 그 자체로 완벽한 것은 없다. 여러 유비(혹은 비유)들이 종합될 때에야 비로소 하나님과 구원에 대한 포괄적이고 일관적인 이해를 형성하게 되는 것이다.

어떻게 여러 상징들이 어우러지게 되는지에 대해 한 가지 예를 들어 보면 분명히 이해할 수 있을 것이다. 왕, 아버지, 목자 등의 유비를 생각해 보자. 이 세 가지 유비가 공통으로 전달하는 한 가지 개념은 권위인데, 그것은 우리가 하나님을 이해하려고 할 때 반드시 고려해야 할 근본적이고 중요한 개념이다. 한편 왕은 때로 임의로 행동하기 때문에 백성들을 위해 최선의 이익을 도모하지 않을 수 있다. 따라서 하나님을 왕으로 비유하는 것이 오해를 일으키면 하나님을 어떤 독재자로 보게 할 수도 있다. 그러나 성경을 통해 자녀에 대한 아버지의 따사로운 애정시 103:13-18, 양 무리를 향한 선한 목자의 혼신을 다한 보살핌요 10:11 등을 보면, 왕의 유비가 전달하려는 것이 자기 마음대로 행하는 폭군이 아님을 알 수 있다. 권위란 지혜와 자애로움을 통해 발휘되는 것이기 때문이다.

또 유비는 일상생활에서 뜻을 끌어올 뿐 아니라 현실 생활에 걸맞은 뜻을 부여하기도 한다. 즉 이 땅의 통치자, 아비, 목사는 어떻게 행해야 하는지에 대해 본을 세우신 하나님을 좇아 그들의 행실을 맞추어 나가야 한다. 통치자들은 국민의 복지에 헌신한 성실한 인격자여야 한다. 아버지는 자녀들에게 자애와 친절로 권위를 행사해야 한다. 목사들은 자신에게 맡겨진 사람들에 대해 온정과 헌신을 보여야 한다. 유비는 이렇게 우리가 하나님을 이해하는 데 도움을 줄 뿐 아니라 하나님 편에서 보면 자신이 지으신 세상이 어떻게 돌아가기를 원하시는지 보여 주는 도구이기도 하다.

인간 생활로부터 도출된 유비와 실제 하나님을 상호적인 관계로 이해할 때 우리는 어떤 이들이 제기할지도 모르는 논리적 모순으로부터 피할 수 있다. 많은 사람들에게는 하나님을 아버지라고 하는 것이 하나님을 이해하는 데 별 도움이 되지 못한다. 아버지에 대한 부정적인 인상 때문이다. "만일 하나님이 나의 아버지와 같다면, 그런 하나님과는 어떤 관계도 맺고 싶지 않아요"라고 할 사람들이 있기 때문이다. 어떤 아버지는 정말 폭군처럼 행세하기 때문에 만약 하나님이 그런 모습으로 비춰진다면 결코 마음을 끌지 못할 것이다. 또한 그렇게 비춰진 하나님의 모습은 도저히 용납하기 어려운 것이기도 하다. 어떤 아버지는 정말 성경에서 제시하는 아버지상에 절대로 못 미치는 부족한 사람임에 틀림없다. 성경이 제시하는 아버지상은 첫째, 이 세상의 아버지들이 본받아야 할 모범으로 제시되어 있고, 둘째, 그것은 하나님에 대한 이해를 돕는 역할을 한다. 모든 아버지들이 어느 정도는 하나님의 모습을 반영하겠지만, 어떤 이들은 다른 아버지들과 비교해 볼 때 훨씬 더 하나님의 모습을 잘 비춰 준다. 아버지에 대한 부정적 인상 때문에 하나님을 아버지라고 생각하는 것이 어렵게 느껴지는 사람이 있다면, 지금 생각해 본 이 유비와 실제의 상호적 관계 그리고 경험의 상대적 차이를 고려해 보면 도움이 될 것이다.

아퀴나스의 유비 이론은 이처럼 하나님에 대해 사고하는 데 근본적으로 중요하다. 그것은 하나님이 성경을 통해 자신을 계시하실 때 어떤 방법을 사용하셨는지를 보여 준다. 그것은 또 하나님이 이 세계를 **초월해** 계시면서 동시에 어떻게 이 세계 안에서 자신을 계시하실 수 있는지에 대해 이해할 수 있도록 한다. 하나님은 시공간 안에 존재하는 어떤 물체나 인간이 아니지만, 시공간 속에 존재하는 사물이나 인간들을 통해 하나님이 어떤 정체와 어떤 모습을 가진 분인지 깊이 음미할 수 있게 하셨다. 하나님은 무한하시지만, 인간의 말과 제한된 상징들을 통해 자신을 표현하는 능력을 가지고 계신다. 또 아퀴나스가 강조했듯이, 거기에는 모순이 개입되지 않는다. 하나님은 인간의 말과 상징을 통해 믿을 만하게 그리고 적절하게 자신을 계시하는 분이시다.

더 읽어 볼 자료

○ 콜린 브라운Colin Brown의 『철학과 기독교 신앙』Philosophy and the Christian Faith, 기독교문서선교회, pp. 20-32은 이 장에서 토의된 하나님의 존재에 대한 증명을 잘 요약한 유용한 입문서다.

○ 프레더릭 코플스턴Frederic C. Coplestone의 『토마스 아퀴나스』Aquinas, 1956는 아퀴나스의 생애와 그가 살았던 시대, 그의 사상을 소개한 최고의 입문서다.

○ 알리스터 맥그래스의 『예수 이해』Understanding the Jesus, 1987, pp. 123-136는 성경에 나오는 구원에 관한 주요 유비들을 논했다.

○ 알리스터 맥그래스의 『삼위일체 이해』Understanding the Trinity, 1990, pp.45-77는 '유비' 개념을 자세히 논하고 있는데, 특히 하나님에 대한 유비를 다루고 있다.

○ 에릭 퍼슨Erik Persson의 『거룩한 교리』Sacra Doctrina, 1970는 아퀴나스의 사상 중 이성과 계시의 관계를 자세히 연구한 것으로, 난해하므로 특별한 관심을 가진 사람들에게만 추천한다.

○ 키스 얀델Keith E. Yandell의 『기독교와 철학』Christianty and Philosophy, 1984, pp. 48-97은 이 장에서 토론한 하나님의 존재에 대한 논증들을 더 상세히 분석하고 있다.

5장

마르틴 루터 I

신앙과 경험

십자가만이 우리의 신학이다.
십자가는 모든 것을 시험하는
시금석이다.

_ 마르틴 루터 Martin Luther(1483-1546)

한스 루더$^{Hans\ Luder}$는 독일 동북부의 아이슬레벤이라는 소읍 출신의 가난한 광부였다. 소작농 신분으로 가계를 이어 온 가정에서 자란 그는 비슷한 소작농의 딸 마가레테^{Margarethe}와 결혼했다. 1484년 루더 일가는 인근 소도시인 만스펠트로 이주했고, 거기서 한스는 마침내 동제련소를 매입하기에 이른다. 1491년 무렵 그는 그 소도시의 유지로서 발판을 굳혔다. 한스 루더는 그야말로 성공한 사람이었다.

1483년 11월 10일 저녁 늦게 이 루더가에 첫아들이 태어났다. 다음 날 아침 이 갓난아이는 세례를 받았다. 그곳에는 아이가 세례 받는 날이 어느 성인의 날인가를 따져 그 성인의 이름을 붙여 주는 오랜 전통이 있었다. 11월 11일은 프랑스의 성인 가운데 한 사람인 투르의 성 마르티노$^{St.\ Martin\ of\ Tours}$ 축제일이었고, 그래서 이 아이는 마르틴이라 불리게 되었다.

마르틴은 소작농을 천시하는 시대에 살았지만 자신의 천한 출생 신분을 자랑스러워했다. 그리고 훗날 "나는 한 소작농의 자식이었다"라고 썼고, "나의 아버지, 할아버지, 증조할아버지 모두 순수한 농사꾼이었다"라고 말했다. 학교 성적은 대체로 무난했고, 1501년 4월 에르푸르트 대학교에 진학했다. 1505년 1월에 석사 학위를 받은 그는 당대의 모든 직업 가운데 돈벌이가 가장 좋은 법률가가 되기 위해 법을 공부하기로 결심했다. 그리고 그해 5월 20일부터 그는 법학 연구에 빠져들었다.

중세 시대의 대학에서는 자질이 뛰어난 학생들이 보통 세 가지 진로 가운데 하나를 선택했는데, 석사 학위를 마친 후 신학·의학·법학 중 하나를 공부하는 '최고 학부'로 진학하는 것이었다. 장 칼뱅과 마찬가지로 마르틴도 법학을 선택했다. 그러한 결정은 전적으로 아버지에 의한 것이었다. 분명 그의 아버지는 아들이 이 길을 택하도록 상당한 압력을 넣었을 것이다. 마르틴이 법학을 시작하기도 전에 아버지는 벌써 법학 교과서 한 질을 사 줌으로써 아들이 그 분야에서 앞서기를 바라는 마음을 드러냈다. 그렇게 함으로써 아들이 번영하고 지위가 견고해지기를 기대했던 것이다. 또 한스는 마르틴을 출세시킬 목적으로 부잣집 딸을 신부로 삼기 위해 수소문하기 시작했다.

이러한 마르틴의 생애에 갑자기 전환점이 생겼다. 1505년 6월 30일경으로 기억되는 어느 날, 에르푸르트에서 만스펠트의 집으로 돌아오는 길이었다. 슈토터하임이라는 촌에 다다를 무렵 그는 사나운 폭우를 만났다. 이때 느닷없이 그가 가던 길 바로 앞에 벼락이 떨어져 그는 타고 가던 말에서 내동댕이쳐졌다. 엄청난 공포에 휩싸인 마르틴은 이렇게 외쳤다. "성 안네여, 나를 도우소서! 내가 수도사가 되겠나이다!" 성 안네는 광부의 수호 성인이었으므로 마르틴이 갑자기 왜 그녀의 이름을 불렀는지는 짐작할 만하다.

마르틴의 친구들은 그 서원을 잊어버리라고 설득했지만, 그는 서원을 지키기로 결심한다. 1505년 7월 17일 그는 에르푸르트의 7대 수도원 중 한 수도원에 들어갔다. 그가 택한 곳은 일곱 개 수도원 중 가장 규율이 엄격하다는 아우구스티누스 교단의 수도원이었다. 그의 결정을 전해 들은 아버지는 격분한 나머지 그 후 오랫동안 아들을 만나지 않았다.

이런 상황에서도 마르틴은 인내했다. 그는 새로운 부르심에 따라 신학을 진지하게 공부하기 시작했다. 이 에르푸르트의 아우구스티누스 수도원은 에르푸르트 대학교와 긴밀한 유대 관계에 있었고, 수도원의 지도자들 가운데 여러 사람이 그 대학 신학부의 교수로 재직하고 있었다. 마르틴은 여기서 중세 말기의 기독교 사상을 대표하는 대가들, 말하자면 오컴의 윌리엄[William of Ockham], 피에르 다이[Pierre d'Ailly], 가브리엘 비엘[Gabriel Biel] 등의 사상과 지적인 투쟁을 하고 있었다. 그러나 무엇보다 그는 성경을 깊이 연구했다. 마침 마르틴에게 중세의 표준 라틴어 성경인 불가타[Vulgate] 사본 한 권이 주어졌다.

마르틴은 성공 가도를 달리고 있었다. 수도원에 들어간 지 2년 만인 1507년 사제로 임명받았고, 1509년에는 신학자로서 기본 자격을 획득했다. 1512년 10월 18일에는 그의 학문적 성취의 절정으로서 마침내 신학 박사 학위를 받았다. 그런데 이때 그는 에르푸르트를 떠나 인근 도시인 비텐베르크로 옮겨 그곳에서 자리를 잡았다.

비텐베르크 대학교는 현자賢者 칭호가 붙은 프리드리히[Friedrick]가 1502년에 설립한 학교였다[프리드리히[1463-1525]는 독일의 개혁, 특히 종교개혁을 비호하고 그 보급을 도운 작센의 선제후選帝侯, Kurfürst(독일 황제의 선거권을 가진 일곱 명의 제후 중 한 사람)였다. 그는 1521년 초 카를 5세가 보름스 의회를 소집해 루터를 단죄하려 했을 때 그를 납치해 이 종교개혁자의 신변 보호에 앞장서기도 했다-옮긴이]. 그가 이 배움의 터전을 설립했던 동기는 전적으로 교육만을 위한 것은 아니었다. 이 학교를 설립해 인근의 라이프치히 대학교가 누리던 명성을 따라잡고 싶었던 것이다. 그러나 이러한 프리드리히의 꿈은 무산되고 말았다. 설립된 지 10년이 안 된 비텐베르크 대학교는 이류 대학의 명성을 간신히 유지하고 있었으며, 등록 학생 수가 너무 적어 학교 운영이 중단될 위험에 처하기도 했다. 이러한 때에 박사 학위를 받자마자 성서연구과의 주임 교수직을 받고 비텐베르크에 온 루터는 (가끔 자리를 비울 때를 빼고는) 여생을 이곳에서 보냈다.

비텐베르크에 온 후 루터는 시편[1513-1515]에 이어 로마서[1515-1516], 갈라디아서[1516-1517], 히브리서[1517-1518] 등을 강의했다. 이렇게 성경 본문에 대한 강의를 해 나가던 루터는 세상을 다루시는 하나님의 방법에 대한 인식이 새로이 변화하는 것을 발견했다. 그의 신학은 이렇게 성경 본문과 끊임없이 투쟁하는 가운데 형성되어 갔다. 성경을 연구하면 할수록 그는 중세 말기의 교회가 가르치던 교리와 관습을 점점 더 비판적으로 보게 되었다. 동시에 그는 아우구스티누스의 작품들, 특히 펠라기우스를 논박하는 글들을 숙독하기 시작했다. 이러한 가운데 그는 향후 유럽사와 기독 교회사에 대전환을 가져오게 한 개혁 신학을 발전시켜 나갔다.

마르틴 루터가 일으킨 첫 번째 소동은 1517년 면죄부에 대한 논란이었다. 16세기는 이른바 죄악을 탐하는 법을 터득한 시대였다고 일컬을 수 있는데, 죄의 결과에 대해 별 두려움을 갖지 않고 범죄할 수 있다는 것은 당대의 사람들에게 무척 매력적인 것이었다. 면죄부는 바로 그러한 매력이 어떠한 것임을 보여 주는 한 예였다. 요한 테첼Johann Tetzel 같은 면죄부 판매인은 일정액의 면죄부를 사면 교황의 전권적 권위에 의해 과거, 현재, 미래의 죄까지 모두 용서받을 수 있다고 장담했다. 이 사죄권은 살아 있는 사람에게 국한된 것이 아니었다. 테첼은 죽은 친지들도 그들이 받아야 할 죄의 형벌로부터 사면될 수 있다고 호언했다. 면죄부 판매량을 늘리기 위해 선전용 시를 지어 읊고 다닐 정도였다.

동전이 떨어지는 짤랑 소리에
연옥에 있던 그 영혼 풀려나오리!

마르틴이 볼 때 이는 완전히 복음을 왜곡한 것이었다. 그것은 신약성경의 말씀과는 전혀 무관한 이야기였다. 그 같은 행위는 죄악을 탐닉하기 원하는 자들을 겨냥해 기독교를 상품화하려는 것이었다. 그래서 그는 이에 항의하고 나섰다. 1517년 1월 31일, 그는 비텐베르크성의 교회 성문에 그 유명한 95개 반박문을 내걸었다. 하지만 이 사건을 지나치게 과장할 필요는 없다. 그것은 대학의 중앙게시판에 대학에서 내걸 수 있는 합법적 공고를 내다 붙인 것에 지나지 않았다. 그는 대학교수의 자격으로 면죄부의 정당성에 대해 대학 교정에서 공개적으로 토론해 보자고 건의했던 것이다. 그런데 몇몇 출판업자들은 마르틴이 쓴 글의 사본을 입수해 검토해 보고 그것이 상업적으로 가치가 있음을 알아챘다. 몇 달도 안 되어 '95개 반박문'은 날개 돋친 듯 팔려 나갔고, 마르틴은 의분의 청년 학자로서 세상 사람들의 입에 오르내리게 되었다. 이러한 명성은 1519년 그가 라이프치히에서 요한 에크Johann Eck와 벌인 공개 토론에서 교황의 권위에 도전함으로써 다시금 입증되었다.

당시 유럽에서는 인문주의 운동이 점차 많은 사람들의 호응을 얻고 있었다. '인문주의자' 또는 '인본주의자'라는 말이 오늘날에는 무신론 내지는 세속주의와 통하는 말이 되었지만 16세기에는 전혀 그런 뜻이 아니었다. 그것은 단지 '고증을 위해 고전 문학을 크게 강조한 사람'이란 뜻이었다. 그 시대의 특유한 발상 한 가지는 사람들에게 라틴어나 희랍어로 이름을 붙여 주면 좀더 고상하게 보이리라는 생각이었다. 그래서 필립 슈바르체르드Philip Schwarzerd는 자신을 '멜랑크톤'Melanchthon이라고 불렀는데, 직역하면 '검은 대지'라는 뜻이다. 또 요한 하우샤인Johann Hauschein은 '집의 등불'이란 뜻으로 자기 이름을 '외콜람파디우스'Oecolampadius라고 고쳐 불렀다. 1519년경 마르틴도 이러한 시대적 흐름을 따르게 된다.

이즈음 마르틴은 중세 교회의 비평가로서 명성을 얻고 있었다. 그리스도인의 자유—그의 자유 사상은 1520년에 쓴 "그리스도인의 자유에 대하여"On the Freedom of a Christian라는 글에 훌륭하게 표출되어 있다—를 강조했던 그는 자신의 성 '루더'에 집착하고 싶지 않았다. 그는 곧 '루더'에서 '해방자'라는 뜻의 '엘레우테리우스'Eleutherius로 개명했다. 그러나 얼마 되지 않아 마르틴은 이 가명에도 싫증을 내고 다른 성으로 고쳤는데, 그 후로는 줄곧 그 이름으로만 불렸다. 이리하여 마르틴 루터가 된 것이다.

1520년 루터는 그의 명성을 대종교개혁자로 확립시켜 준 주요 저서 세 권을 발표했다. 영리했던 루터는 자신의 사상을 더 많은 대중에게 전파할 생각으로 이들 저서를 독일어로 집필했다. 당시 라틴어가 유럽의 지식인과 교회 지도자들의 전유물이었던 것과는 대조적으로 독일어는 평민들의 언어였다. 『독일 기독교 귀족에게 보내는 글』*Appeal to the Christian Nobility of the German Nation*에서 루터는 교회 개혁의 필요성을 열정적으로 주장했다. 16세기 초 교회의 가르침과 실천은 신약성경의 가르침으로부터 크게 벗어나 있었다. 간결하면서도 기지에 찬 그의 독일어는 밀도 높은 신학 사상을 가지고도 대중의 호소력을 불러일으키기에 충분했다.

이 글이 괄목할 만한 성공을 이룩한 데 힘입어 루터는 그 성공세를 『교회의 바벨론 감금』*The Babylonian Captivity of the Christian Church*이라는 그다음 작품으로 이어 나갔다. 이 힘 있는 글을 통해 루터는 복음이 제도적 교회의 틀에 얽매여 있음을 밝혔다. 그는 중세 교회가 복잡한 사제 제도와 성찬 예식이란 틀 속에 복음을 가두었다고 공박했다. 교회가 복음을 다스리는 주인 행세를 하고 복음이 교회를 수종 드는 꼴이라는 것이다. 이러한 논점은 『그리스도인의 자유』*The Liberty of a Christian*이라는 글에서 더 깊이 다루어지는데, 거기서 루터는 신앙인의 자유와 의무를 동시에 강조했다.

이러던 중 루터는 어려움을 겪는다. 1520년 6월 15일, 그는 교황 칙서*Papal bull*로 견책을 받았고, 그가 지금까지 전개한 주장을 철회하라는 명령을 받았다. 그러나 그는 교황의 명령을 거부하고 그 칙서를 공개적으로 불태워 버림으로써 교황의 권위를 모욕했다. 이듬해 1월 그는 파문을 당하고 보름스 의회에 출두하라는 명령을 받는다. 이러한 위협 속에서도 그는 여전히 자신의 견해를 취소할 수 없다고 하면서 철회 명령을 거부했다. 루터는 계속 강경 자세 일변도로 나갔다. 이러한 사태를 알게 된 독일의 한 우호적인 왕자는 그를 '납치'해 오도록 계획을 꾸며 아이제나흐 근처의 바르트부르크 성으로 피신시켰다. 루터는 그로부터 8개월간 은둔 생활을 하며 자신이 펼쳤던 여러 사상의 심층적 의미들에까지 들어갈 수 있었고, 자신의 동기가 얼마나 순수했는지 시험해 볼 수 있었다. 1522년 비텐베르크로 돌아와 그 도시의 종교개혁을 주도할 무렵 루터의 사상은 유럽 전역에서 지지받기에 이른다. 바야흐로 종교개혁이 시작된 것이다.

루터는 젊은 청년으로서 자신이 얼마나 죄로 가득 차 있으며, 얼마나 연약한 존재인가를 깊이 깨닫고 있었다. 그는 "어떻게 나 같은 죄인이 거룩하시고 의로우신 하나님과 교제할 수 있을까? 나 같은 사람이 어떻게 죄인을 벌하시는 하나님을 믿고 사랑하게 되었을까?"라고 자신에게 물었다. 이러한 질문으로 근심에 사로잡힌 루터는 곧 깊이 있는 성경 연구에 몰입하게 되었고, 마침내 믿음으로 의롭게 된다는 이신칭의以信稱義, Justification by Faith 교리를 터득하게 된다. 루터가 이 교리를 발견하게 된 경위와 그 의미에 대해서는 다음 장에서 다룰 것이다. 이 장의 나머지 부분에서는 기독교 사상에 남긴 루터의 가장 중요한 또 하나의 공헌이라 할 수 있는 그의 '십자가 신학'*theologia crucis*을 살펴봄으로써, 신앙과 이성의 관계를 조명하고 우리에게 유익을 주는 고통에 대한 통찰력을 구해 보고자 한다.

1518-1520년까지 루터는 당시 교권과 정치 세력의 점점 심해지는 위협을 느끼고 있었다. 목숨을 부지할 날이 얼마 남지 않았다고 느낀 것은 루터 자신뿐 아니라 그에게 닥친 상황을 지켜보고 있던 사람 모두의 예감이기도 했다. 고통과 죽음의 그림자가 점점 더 가까이 그에게 다가오는 듯했다. 이때 그는 그리스도인에게 닥치는 고통과 죽음이 어떤 의미를 가지는지 묻지 않을 수 없었다. 점증하는 위기에 처한 몇 년 동안 루터는 이 난해한 문제를 놓고 깊이 사색했던 것 같다. 그 성찰의 결과가 우리에게 널리 알려진 '십자가 신학'이라는 것이다.

루터는 십자가를 기독교 신앙의 중심으로 보았다. 우리의 눈에도 선한, 십자가에 달리신 그리스도의 이미지는 하나님에 대한 생각을 형성시켜 주는 시련의 도가니였다. 루터는 십자가의 중심성에 대해 다음과 같은 간결한 문장으로 표현했다. "십자가만이 우리의 신학이다." "십자가는 모든 것을 시험하는 시금석이다." 루터는 또 예수 그리스도를 떠나서 하나님을 찾는 '영광의 신학자'와, 하나님은 그리스도의 십자가 안에, 그 십자가를 통해 계시되셨다고 인식하는 '십자가의 신학자'를 구분하는 유명한 구분 논리를 전개했다.

그러한 계시는 과연 어떤 계시인가? 하나님이 십자가 안에 계시되셨다는 것은 어떠한 계시를 말하는가? 루터는 이에 대해 하나님이 십자가 안에 숨은 모습으로 계시되셨다는 **숨은 계시** 사상을 전개했다. 이것은 난해한 개념이지만 일단 그 의미를 파악하면 그리스도인의 실존과 경험의 여러 양상을 이해하는 데 크게 도움이 되는 사상이다. 루터가 주장한 '숨은 계시'가 무엇인지 잘 이해하려면 예수 그리스도가 십자가에 달려 죽으신 금요일의 절망스럽고도 무기력해 보이기만 하던 장면을 생각해 보아야 한다.

그 십자가 주위에 모였던 군중은 뭔가 극적인 사건이 일어나기를 기대하고 있었다. 예수님이 진정 하나님의 아들이라면 하나님이 그 상황에 개입하셔서 그를 구하시기를 기대할 수 있을 것이다. 그러나 긴긴 하루가 다 저물도록 하나님의 극적인 개입의 조짐은 전혀 보이지 않았다. "나의 하나님, 나의 하나님, 어찌하여 나를 버리셨나이까?"라고 외쳤던 예수님의 부르짖음은 비록 일시적인 것이기는 했지만 예수님 자신도 그 순간에는 하나님이 계시지 않음을 심각하게 느끼고 있었음을 말해 준다. 많은 사람들이 그 상황 속에 하나님이 극적으로 개입하셔서 십자가에 달려 죽어 가는 예수님을 구원해 주시기를 기대했다. 그러나 그런 일은 일어나지 않았고, 예수님은 고통을 받다가 마침내 숨을 거두셨다. 그 상황에서 하나님의 활동하심의 흔적은 전혀 보이지 않았다. 그래서 경험에만 의지해 하나님에 대해 생각하던 사람들은 곧 명확한 결론을 내렸다. 하나님은 거기 계시지 않았다고.

그러나 부활은 그러한 판단을 뒤엎는다. 하나님은 갈보리에 함께 계셨고, 역사하셨으며, 인류의 구원을 성취하셨고, 예수 그리스도가 구주심을 세상이 인정하게 하셨다. 사람들은 하나님의 임재를 **감지**하지 못했지만 하나님은 거기 계셨다. 인간의 경험으로 해석할 때 하나님은 거기 **계시지 않은** 것 같았지만 부활로 말미암아 하나님의 **숨은 임재**가 드러났다. 하나님이 당시에는 아무 일도 하고 계신 것 같지 않았지만 부활을 통해 막후에서 은밀하게 일하고 계셨음을 알게 되는 것이다. 루터는 부활을, 인간의 경험을 통해 내리는 판단이 얼마나 미덥지 못한 것인가를 보여 주는 증거라고 생각했다. 인간의 경험을 통해 내리는 결론이 이처럼 빗나가기 쉬운 것이기 때문에 우리는 경험보다는 하나님의 약속을 신뢰해야 한다. 하나님은 생의 가장 암울한 순간 속에서도 우리와 함께하신다고 약속하셨다. 그러므로 경험을 통해 하나님을 탐지할 수 없을 때라도 그 경험에 의한 판단을 신빙성 있는 것으로 보아서는 안 된다.

　루터는 우리가 인간의 실존에 대해서도 예수님이 십자가에서 돌아가신 일을 생각하는 것과 같은 방법으로 생각한다고 말한다. 주변에서 일어나는 많은 일들이 우리를 당황하게 하고 놀라게 할 때, 우리는 하나님이 멀리 떨어져 계시거나 잠잠히 계시다고 결론 내리기 쉽다. 고통의 상황은 그 좋은 예일 것이다. 우리는 종종 "인간이 고통을 당할 때 하나님이 어떻게 함께하실 수 있을까?"라고 묻는다. 예수 그리스도께서 고통받다 죽으시는 모습을 지켜보던 많은 사람들도 그렇게 생각했을 것이다. 그러나 부활은 상황을 역전시켰고, 하나님이 자신이 만드신 세상에 임재하시고 역사하시는 방법에 대한 이해에도 큰 변화가 일어나게 되었다. 즉 경험으로 볼 때 하나님이 계시지 않는다고, 또 계시더라도 냉담한 자세로 계시리라고 생각되는 상황—예를 들어 고난받는 상황—들 속에서도 하나님은 임재하시며 활동하고 계시다는 것을 보여 준 것이다.

루터는 이러한 통찰력을 우리의 상황에도 적용해야 한다고 했다. 때때로 우리는 하나님이 바로 지금 함께 활동하고 계시다는 것을 도저히 받아들이기 어려운 때―고통당하는 상황이 바로 그러한 예다―를 만난다. 만약 그러한 어려운 때를 성금요일의 시각에서 바라본다면, 그때 사람들의 뇌리를 스쳐 지나갔을 여러 가지 생각과 공포가 우리 상황에도 똑같이 나타나는 것을 볼 수 있을 것이다. 그러나 부활 사건을 경험하면서 그러한 생각과 공포가 뒤바뀐 것처럼 우리가 당하는 어려운 상황 속에서 얻은 인간의 경험은 도대체 믿을 것이 못 된다는 교훈을 얻을 수 있다. 우리는 그 같은 통찰력을 다음과 같이 요약할 수 있다.

십자가 ― 경험	부활 ― 신앙
하나님은 계시지 않는다.	하나님은 숨은 모습으로 계신다.
하나님은 아무 일도 안 하신다.	하나님은 숨어서 일하신다.
이성에 대한 그릇된 신뢰.	하나님의 약속에 대한 올바른 신뢰.
고난은 무의미하다.	하나님은 고난을 통해 구원을 이루신다.

우리의 현재 경험은 성금요일의 경험과 흡사하다. 하나님은 분명 우리와 함께 계시지도 않는 것 같고, 우리를 위해 무슨 일을 하시는 것 같지도 않다. 그러나 믿음을 가진 사람이 성금요일을 부활 신앙으로 보는 것같이 믿음을 가진 사람은 현재의 경험 속에서도 같은 해석을 내릴 수 있다. 하나님이 안 계신 것 같은 그때에 하나

님은 사실 숨은 모습으로 우리와 함께 계시기 때문이다.

이러한 인식은 루터가 '믿음'을 이해하는 데 중요한 영향을 미쳤다. 믿음이란 이 세상 속에서 그리고 우리의 경험 속에서 하나님의 임재와 활동을 볼 수 있는 능력이다. 믿음은 외면적 실체를 넘어서서 내면을 바라보게 하며 경험에 의한 비뚤어진 판단을 바로잡는다. 믿음은, 비록 우리의 경험으로 보면 계시지 않은 것 같지만 계시겠다고 약속하신 그곳에서 하나님을 찾으려는 의욕이며 열린 마음이다. 이러한 논조를 한층 고양시킬 목적으로 루터는 '믿음의 흑암'이라는 말을 쓰기도 했다. 이 말은 루터가 의심의 본질을 이해하는 데 중요한 영향을 미쳤다.

의심이란 믿음에 의해서가 아니라 경험에 근거해 판단하려는 자연스러운 성향으로부터 비롯된다. 믿음과 경험이 서로 들어맞지 않을 때 우리는 믿음보다 경험을 더 신뢰하는 경향이 있다. 그러나 루터의 지적대로 경험이란 참으로 미덥지 않은 안내자다. 첫 성금요일의 경험을 신뢰했던 사람들은 부활의 빛이 비춰자 매우 어리석은 모습으로 드러나게 되었다. 루터는 부활을, 경험이나 이성을 의지하는 것보다 하나님의 약속을 믿는 것이 훨씬 타당함을 보여 주는 증거로 보았다. 우리는 어떤 상황에 처했을 때 그 상황을 바라보는 우리의 한정되고 부적합한 인식 능력을 의지하기보다는 하나님을 하나님으로 모시면서 그와 그의 약속을 신뢰하는 법을 배워야 한다.

따라서 십자가는 우리가 스스로의 능력으로 하나님이 어떤 분이신가를 판단하려는 교만함을 깨뜨려 버린다. 또 하나님이 어떤 분이시며 어떻게 생긴 분이신가를 알려고 이성이나 경험을 의지하는 우리의 빗나간 신뢰를 산산이 부서트린다. 십자가는 우리로 하여금 패배를 인정하게 하고, 이제는 더 이상 하나님이 어떤 분일까 하고 짐작하려 하기 전에 하나님에 대해 알기 위해서는 그의 말씀을 들어야 함을 깨닫게 해 준다. 십자가에서 나타난 고통과 연약함, 수치 등을 통해 자신을 계시하신 하나님은 우리가 이제까지 하나님에 대한 깨달음이라고 하며 쌓아 온 하나님에 대한 편견을 버리라고 명령하신다. 이렇게 우리가 하나님에 대한 기존의 이해를 부수어 버릴 때 우리는 하나님으로부터 직접 배우고 싶어진다. 갈보리에 함께 계셨고 그곳에서 역사하셨던 하나님을 만나고 이 하나님을 더 깊이 알기 위해 겸손은 필수다.

마지막으로 루터는 신학자가 되기 위해 기본적으로 필요한 한 가지 경험이 있다고 주장한다. 그는 그의 글 가운데 가장 많이 인용되는 (그렇지만 가장 어려운) 말로 이렇게 묘사한다. "신학자를 만드는 것은 독서나 사색이나 이해가 아니라 삶과 죽음, 심지어 정죄받는 경험과 같은 것들이다." 처음 이 말을 읽었을 때 나는 혼란스러웠다. 신학이란 본디 성경을 읽고 그 뜻을 파악하는 데서 이루어지는 것이 아닌가? 그런데 루터는 무슨 말을 하는 것인가? 하지만 지금은 그의 말이 무슨 말인지 깨달았다. 나는 이제 루터의 말이 옳다고 확신한다. **진정한** 신학자가 되기 위해서는 다름 아닌 살아 계신 하나님과, 다시 말해 하나님에 대한 사상들이 아니라 바로 하나님 자신과 씨름하지 않으면 안 되는 것이다. 하지만 일개 죄인이 어떻게 하나님과 이렇다 할 관계를 가져 보리라 기대할 수 있을까?

루터는 정죄당한다는 것이 무엇인지 체험하지 않고서는 진정한 신학자가 될 수 없다고 했다. 당신은 아마도 자신이 얼마나 심각한 죄인인가를, 그래서 정말 하나님의 정죄를 받아 마땅하다고 깊이 깨달았던 순간이 있을 것이다. 그리스도의 죽음은 죄에 대해 하나님이 얼마나 진노하시는가를 똑똑히 보여 준다. 또 우리가 그리스도의 죽음과 같이 정죄받아 마땅히 죽었어야 함을 분명히 보여 준다. 이러한 관점에서 우리는 비로소 신약성경의 중심 주제, 곧 하나님이 어떻게 죄인들을 그들이 마땅히 감당해야 할 운명으로부터 구원하셨는가를 온전히 음미할 수 있다. 우리의 죄가 어떤 것인가를 충분히 깨닫지 못한다면, 또 죄가 갈라놓은 하나님과 우리 사이의 간격이 얼마나 큰 것인가를 깨닫지 못한다면, 예수 그리스도를 통해 주어진 용서의 환희와 놀라움을 깊이 이해할 수 없을 것이다.

신약성경을 읽는 사람은 누구나 그 책이 무슨 말을 하는지 어느 정도 이해할 수 있다. 그러나 루터는 **진정한** 신학자란 죄로 말미암아 받아야 할 정죄가 어떤 것인가를 깊이 체험한 사람이며 신약성경의 용서의 말씀이 바로 자신을 위한 기쁜 소식임을 깨닫는 사람이라고 주장한다. 이처럼 복음은 우리를 해방시켜 주는 것으로, 우리의 상황을 변화시켜 주는 것으로, 바로 우리와 관련 있는 것으로 경험되어야 한다. 신약성경을 여느 문학 작품과 다를 것이 없는 것처럼 읽기가 쉽다. 그래서 루터는 우리가 우리의 죄와 죄의 의미를 인식할 때 비로소 예수 그리스도를 통해 하나님이 우리의 죄를 용서해 주셨다는 전기 충격과도 같은 선언이 얼마나 놀라운

가를 충분히 깨달을 수 있다고 말한다.

믿음과 경험의 관계에 대한 루터의 설명은 그의 사상 가운데 가장 흥미로우면서도 난해한 대목이라 할 수 있다. 그러므로 루터의 사상을 처음 대하는 사람들은 의심의 본질이라든지, 이 세상 혹은 우리 개인의 삶 속에서 하나님이 어떤 모습으로 존재하시며 일하시는가와 같은 문제들을 생각해 보는 것이 큰 도움이 될 것이다. 한편 루터는 믿음으로만 의롭다 하심을 받을 수 있다는 '이신칭의'의 교리로 잘 알려져 있다. 이것은 과연 무슨 교리인가, 또 그것은 왜 그렇게 중요한가와 같은 문제들은 다음 장에서 다루기로 한다.

더 읽어 볼 자료

○ 루터의 전기로 가장 좋은 것은 아마 롤런드 베인턴Roland Bainton의 『마르틴 루터』 Here I Stand, 생명의말씀사일 것이다. 지금까지 나와 있는 입문서들 가운데 가장 읽을 만한 것으로 강력히 추천한다.

○ 최근에 나온 탁월한 전기는 제임스 키텔슨James M. Kittelson의 『개혁자 루터』 Luther the Reformer다.

○ 종교개혁의 사상적·사회적 배경에 대해 쓴 일반 입문서를 찾는다면, 알리스터 맥그래스의 『종교개혁 사상』Reformation Thought, 기독교문서선교회, pp. 1-66을 보라.

○ 루터의 생애와 사상을 더 상세히 다룬 연구들로는, 베른하르트 로제Bernhard Lohse의 『마르틴 루터 입문』Martin Luther: An Introduction, 발터 폰 로에비니히Walther von Loewenich의 『마르틴 루터: 생애와 작품』Martin Luther: The Man and His Work, 알리스터 맥그래스의 『루터의 십자가 신학』Luther's Theology of Cross, 컨콜디아사, 고든 럽Gordon Rupp의 『하나님의 의』The Righteousness of God 등이 있다. 그리스도인의 삶과 관련해 경험은 믿을 만한 것이 못 된다는 것에 대해 더 생각해 보고 싶다면, 알리스터 맥그래스의 『의심』Doubt, pp. 133-139을 보라.

○ '십자가의 신학'이 현대 신학과 어떤 연관성을 가지는지 상세히 해설한 것으로는 알리스터 맥그래스의 『십자가로 돌아가라』^{The Enigma of the Cross}, 생명의말씀사와 위르겐 몰트만^{Jürgern Moltmann}이 쓴 『십자가에 달리신 하나님』^{The Crucified God}, 한국신학연구소 등을 보라.

6장

마르틴 루터 II
죄인의 칭의

십자가만이 우리의 신학이다.
십자가는 모든 것을 시험하는
시금석이다.

_ 마르틴 루터 Martin Luther(1483-1546)

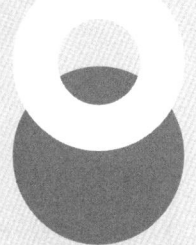

모든 사실로 미루어 보아 청년 루터는 자신이 죄인임을 심각하게 인식하고 있었다. 젊은 날 그를 사로잡았던 한 가지 의문은 '어떻게 하면 내가 은혜의 하나님을 만날 수 있을까?'라는 것이었다. 의로우신 하나님이 어떻게 죄인과 관계를 맺을 수 있을까? 죄를 인식하면 할수록 이러한 의문은 루터를 우울하게 할 뿐이었다. 예수 그리스도에 대해 생각할 때마다 그리스도는 그의 죄를 들추어내 정죄하는 준엄한 재판관으로만 보였다.

루터가 풀지 못하고 골머리를 앓던 이 난제의 중심에는 '하나님의 의'라는 개념이 도사리고 있었다. 하나님을 의로우신 분이라고 할 때 그 의미는 과연 무엇인가? 루터가 신학 훈련을 받은 학파는 소위 유명론唯名論, Nominalism이라는 사상의 분파였는데, 요즈음에는 '근대적 사유 방식'the Modern Way이라고 더 많이 알려져 있다. 이 학파에 속한 사람들로는 14세기 영국의 유명한 저술가 오컴의 윌리엄('오컴 출신의 면도날'로 잘 알려져 있다)과 15세기 독일 출신 저술가 가브리엘 비엘 등을 들 수 있다. 젊은 신학도 루터는 하나님의 '의'에 관한 그들의 독자적 사상을 포함해 그들이 쓴 책들에 정통해 있었다.

루터가 신학 연구 초창기에 '하나님의 의'를 어떻게 생각했는지 알아보기 위해 가브리엘 비엘의 사상을 간략히 기술해 보자. 비엘에 따르면 하나님은 인간과 어떤 계약, 즉 언약을 맺으셨다. 그래서 인간이 그 계약이 정한 대로 (하나님을 사랑한다든지 죄짓는 것을 그만 둔다든지) 행하면 하나님은 그에 대한 반응으로 그 사람을 의롭다고 하신다는 것이다. 여기서 하나님의 공정성은 매우 주도면밀해서 심판의 기준은 항상 **무엇을 어떻게 했느냐**지 그렇게 한 사람이 누구인가가 아니다. 그러므로 언약이 규정하는 기본 조건을 만족시키면 그 사람이 누구인가를 막론하고 그는 의롭다 함을 받게 되어 있었다. 그 언약의 상대가 왕이든 농사꾼이든 그것은 문제 되지 않고 똑같은 조건이 적용된다는 것이다. 즉 하나님은 칭의의 조건을 만족시키는 사람이면 누구나 그에 따른 보상을 해 주시고 그렇지 못한 사람이면 그의 신분에 관계없이 처벌하신다는 뜻에서 공의로운 분이시다.

여기서 루터는 궁금증이 일기 시작했다. 즉 당신이 죄인이라면 어떻게 되겠느냐는 것이다. 죄에 깊이 빠져 버린 나머지 도대체 그 조건을 만족시킬 수 없는 사람이라면 어떻게 되겠느냐는 것이다. 루터는 죄의 뿌리가 너무 깊은 나머지 죄가 자신의 삶을 철저히 쥐어흔들고 있어서 그것으로부터 돌아설 수 없는 자신의 모습을 발견했던 것 같다. 죄짓는 것을 멈추기만 하면 의롭다 함을 받을 수 있다는 약속은 말이 쉽지 그것은 장님에게 눈을 뜨고 볼 수만 있다면 백만 달러를 주겠다고 약속하는 것과 다를 바가 없었다. 그러한 언약의 조건을 만족시킨다는 것은 불가능한 일이었다. 루터의 눈에는 비엘이 내세우고 있던 칭의나 '하나님의 의' 사상은 전혀 현실성이 없는 것으로서 인간의 죄를 심각하게 파악하지 못한 견해로밖에 보이지 않았다. 만약 하나님이 바로 그와 같은 의의 표준으로 죄인들을 벌하신다면 복음이라는 것도 루터와 같은 죄인들에게는 조금의 위안도 되지 않는 것이었다.

루터는 구원을 얻기 위해 마땅히 해야 할 일로 알고 있던 것들을 하기 위해 혼신을 다해 노력했지만 그러면 그럴수록 자신은 구원받을 가망성이 없다는 사실만을 더 확연히 깨닫게 되었다고 했다.

나는 착실한 수도사로서 수도원의 계율을 철저히 지켰다. 그래서 수도원 훈련을 통해 천국에 갈 수도사가 있다면 바로 내가 그런 수도사라고 자처했었다. 수도원에 함께 있던 다른 모든 동료들도 그 사실만은 인정해 줄 것이다.…그런데 어찌 된 셈인지 내 양심은 그러한 확신을 가질 수가 없었고 항상 의심이 일어날 뿐이었다. 그때마다 내 양심의 소리는, '네가 옳게 한 일이 무엇이냐? 너의 통회하는 마음은 아직 충분치 않아. 너는 고백한다고 하면서도 그걸 빼먹었잖아'라고 지적하는 것이다. 이렇게 불확실하고 연약한 채로 남아 있는, 곤경에 빠진 양심을 인간의 전통으로 치유하려 하면 할수록 나의 양심은 날이 갈수록 더 불안해지고 연약해져서 곤경의 늪으로 빠져 들어갈 뿐이었다.

루터에게는 구원의 조건을 만족시킨다는 것이 한마디로 불가능했다. 자신에게는 구원에 필요한 수단이 없다고 생각했다. 그러한 그에게 하나님이 정죄를 하면 하셨지 그대로 구원을 허락하실 것

같지 않았다.

그래서 1513-1514년 동안 그의 관심은 온통 성경의 한 구절에 쏠려 있었다. "복음에는 하나님의 의가 나타나서"롬 1:17가 그것이다. 루터는 '하나님의 의'가 나타난 것이 어째서 복음, 곧 기쁜 소식이 되는 것인지 알 수가 없었다. 만약 하나님이 그가 아는 바대로 의로운 분이시라면, 자신과 같은 죄인들을 여지없이 벌하실 텐데 무슨 기쁜 소식이란 말인가? 이렇듯 부정적인 사실이 뭐가 대단해 바울은 그다지도 흥분했을까? 아니면 루터가 바울을 완전히 오해했던 것일까?

그러다가 얼마 후, 1515년경의 일로서 정확한 날짜는 알 수 없지만 루터는 돌파구를 발견했다. 다행스럽게도 당시 발생한 일에 대한 루터 자신의 기록이 남아 있다. 그의 생애 마지막 해였던 1545년, 루터는 자신의 청년기 신학적 성찰에 대해 간결하게 쓴 글을 발표했다. 그 글에서 그는 자신이 로마서 1:17의 말씀 때문에 얼마나 고심했는가를 밝힌다. 루터는 '하나님의 의'라는 말은 하나님이 의로우시기 때문에 그 의를 기준으로 죄인을 심판하신다는 뜻이며, (이것은 결국 그가 보기에는) 복음에 '하나님의 의'가 나타났다는 말은 죄인에게 하나님의 진노가 임하게 되었다는 말과 다름없는 말로 해석하도록 배웠다고 회고한다. **죄인들에게 이것이 무슨 기쁜 소식이란 말인가?** 루터의 말을 계속 들어 보자.

밤낮으로 이 문제를 놓고 깊은 생각에 빠져 있던 나는 마침내 하나님의 긍휼하심에 힘입어 그 말씀의 문맥을 주목하게 되었다. 즉

"복음에는 하나님의 의가 나타나서 믿음으로 믿음에 이르게 하나니 기록된 바 오직 의인은 믿음으로 말미암아 살리라 함과 같으니라"라는 말씀이 눈에 들어온 것이다. 거기서 나는, 하나님의 의란 의인의 삶의 방식을 말하는 것으로, 의인은 하나님의 선물, 곧 믿음으로 말미암아 산다고 하는 사실을 깨달았다. 뜻을 다시 정리해 보면, 하나님의 의는 복음에 의해 나타나는 것인데, 이는 수동적 의로서 자비의 하나님은 우리를 믿음으로 말미암아 의롭다고 하신다. 그러므로 성경에는, "오직 의인은 믿음으로 말미암아 살리라"라고 쓰여 있다. 나는 여기서 완전히 다시 태어남을 느꼈으며, 이미 열린 문들을 통해 낙원에 들어와 있음을 알게 되었다.

이 인용문은 진리를 발견한 흥분으로 전율하는 루터의 모습을 보여 주는 것 같다. 그는 이 글을 통해 그가 어떻게 복음 안에 계시된 하나님의 의가 **죄인들에게 주어진 하나님의 선물**이란 사실을 깨달았는지에 대해 말하고 있다. 복음 안에 계시된 하나님은 우리를 행위에 따라 심판하시는 준엄한 심판관이 아니라 외부로부터의 도움 없이는 결코 얻을 수 없는 것을 그의 자녀들에게 주시는 자비롭고 은혜로우신 하나님이다.

달리 말하면, '하나님의 의'란 하나님에게 속한 어떤 **속성**으로서의 의가 아니라 **하나님께로부터 나오는** 것이다. 그런데 가브리엘 비엘은 그것을 하나님의 인격적 속성으로 해석했기 때문에 하나님의 의가 심판의 기준이 되고 만 것이다. 루터는 이제 그 의를 하나님이 우리에게 선물로 주시는 의임을 깨달았다. 우리가 의롭게 되기 위한 조건을 이미 하나님이 만족시켜 주셨다! 하나님과 교제를 나누기 위해 죄인들은 스스로 의롭게 되지 않으면 안 되었으나, 루터가 새로이 이해한 바에 따르면, 하나님이 친히 죄인들에게 그 의를 허락하셨기 때문에 그들은 하나님 앞에 설 수 있게 되었다.

한 예를 든다면 루터의 새로운 접근법을 더 명백하게 이해할 수 있을 것이다. 당신이 감옥에 갇혔을 때 마침 엄청난 금액의 벌과금을 지불하면 석방될 수 있다는 말을 들었다고 하자. 그 약속은 확실한 것이어서 조건만 충족시키면 약속은 반드시 이루어지게 되어 있다. 이러한 예화에서 가브리엘 비엘은 (또 그 전에 펠라기우스 같은 이는) 일종의 전제를 놓고 생각한다. 루터도 처음에는 이 전제를 받아들였는데, 그 전제란 당신이 그 벌과금을 갚을 만한 돈을 어딘가에 쌓아 두고 있다는 것이다. 벌과금을 낼 능력이 있는 당신은 자유가 그 무엇보다 소중하기 때문에 주어진 흥정에 응하여 그 벌과금을 지불하게 된다. 이야기가 이렇게 되면 필요한 만큼의 돈을 마련할 수 있는 당신에게는 아무런 심각한 문제가 없다. 그러나 루터는 아우구스티누스의 견해를 따른다. 죄인인 인간은 그 조건을 만족시킬 만한 힘이 없다는 것이다. 위에서 든 예를 다시 보자. 루터는 (아우구스티누스와 마찬가지로) 그만큼의 돈이 없는 당신에게 그러한 석방의 약속은 아무 의미도 없다는 가정에서 출발한다. 아우구스티누스나 루터가 볼 때 복음이 기쁜 소식인 까닭은 그 자유를 얻는 데 필요한 돈을 거저 **받았기** 때문이다. 다르게 말하면, 그 조건은 이미 다른 사람에 의해 충족되었다. 당신이 갖고 있지 못했던 그것을 당신 아닌 제삼자가 기대할 수도 없고 받을 자격도 없는 당신에게 베풀어 준 것이다. 여기서 루터는 비로소 바울이 왜 그렇게 복음에 나타난 하나님의 의롬 1:17를 놓고 흥분했는지 그 까닭을 이해하게 된다.

그러면 '하나님의 의'에 대하여 루터가 깨달은 것은 무엇인가? 루터는 하나님이 우리에게 선물로 주신 의, 즉 밖으로부터 온 의를 설명하기 위해 몇 가지 예화를 들었다. 어미 닭이 병아리들을 그 날개로 품어 안듯이 하나님은 그의 의로 우리를 감싸 주신다는 것이다. 우리는 의롭지 못하지만 하나님은 우리에게 하나님의 보호하시고 치유하시는 의를 부여하셔서 그 의를 힘입은 우리는 거룩한 모습으로 성숙해 가기 시작한다. 그것은 우리를 보호하는 방패와 같은 것이다. 그것은 우리에게 주어진 것으로서 우리의 힘으로는 도저히 획득할 수 없는 것이다. 우리는 이제 하나님 앞에 설 때 의롭다 함을 받은 죄인으로, 즉 우리의 것이 아니었지만 하나님이 친히 우리에게 허락해 주신 의로 옷을 입고 서게 되었다. 우리가 이렇게 하나님 앞에 의로운 모습으로 설 수 있게 된 것, 즉 하나님이 주신 믿음을 통해 하나님과 올바른 관계로 회복된 것은 우리가 하나님 보시기에 선하게 되려 했던 노력 때문이 아니라 하나님의 일방적인 은혜로 인한 것이다. 루터가 발견한 '이신칭의' 교리는 하나님의 은혜와 관용을 찬양하는 만큼 스스로는 도저히 의롭게 될 수 없는 악한 인간의 무능을 인정하는 것이다. 우리가 의롭다 함을 받는 것은 믿음을 통해서지만 그 믿음조차도 하나님의 선물이 아니던가!

이처럼 루터는 우리가 의롭게 된 것은 우리가 여전히 죄인이지만 우리에게 자신의 의를 덧입혀 주시는 하나님 때문이라고 주장한다. 하나님이 우리를 의롭다 하시는 것은 그가 선물로 주신 '의' 때문이지 우리에게 있을지도 모르는 어떤 '의' 때문이 아니다. 이런 사상은 그가 죄인들을 가리켜 한 말로, 그 특유의 분위기를 가장 잘 풍기는 구절, '우리는 의인이며 동시에 죄인'*Simul iustus et peccator* 이라는 말에 잘 나타난다. 우리는 죄인이지만, 하나님은 우리의 타락한 본성을 새롭게 하시고 재생시킬 수 있다. 건축 공사 현장의 인부들이 하던 일을 마치고 돌아갈 때 자재들을 비에 젖지 않도록 방수포로 덮어 두듯 하나님은 우리 속에서 시작하신 이 재생과 갱신의 작업을 그의 의라는 외피로 감싸 보호하신다.

우리는 여기서 하나님이 하시는 일을, 우리 안에서 하시는 일과 우리 밖에서 하시는 일로 구분해 볼 수 있다. 하나님이 우리 밖에서 하시는 일은 그리스도께서 이루신 의를 우리에게 씌워 주시는, 다시 말해 우리 것이 아니었지만 우리 것으로 인정해 주시는 일로서, 그 의로 말미암아 우리의 신분은 바뀌게 된다. 우리 안에서는 우리의 타락한, 죄악 된 본성을 새롭게 하심으로 우리의 존재를 변화시키는 일을 하신다. 하나님이 우리 밖에서 하시는 일은 사건의 형태를 띠지만 우리 안에서 하시는 일은 일종의 진행 과정의 형태를 띤다. 훗날 개신교의 저술가들은 우리 밖에서 하신 하나님의 일을 '칭의'라 하고, 우리 안에서 하시는 일을 '성화'라고 불렀다. 그러나 루터는 당시 그와 같은 구분을 하지는 않았다.

우리가 여전히 죄인인 것은 사실이지만 우리는 하나님이 우리 안에 계셔서 우리를 새롭게 하시고 재건하신다는 것을 알기 때문에 소망 가운데서 산다. 루터는 의롭다 함을 받은 죄인들을 일컬어, 병들어 있지만 능력 있는 의사의 치료에 맡겨진 사람과 같다고 했다. '사실상 의로운 것은 아니지만 그 소망에 의하면' 이미 의로운 사람들이다. 우리 안에서 회복과 재생의 조짐들을 보면서, 훌륭한 의사의 치료를 받는 환자가 회복의 징후들을 볼 때 완치될 것을 확신하며 안도하듯이, 우리는 미래에 온전히 의롭게 될 것을 기대하는 것이다.

그러면 '이신칭의'라는 말의 의미는 무엇인가? 바울이 자주 쓰고 있는 '칭의'라는 개념은(예로 롬 5:1을 보라) 죄인과 하나님의 관계가 회복되거나 새로 확립됨을 뜻하며, 용서나 화해 등의 뜻을 내포한다. 그러면 '**믿음으로 의롭다 함을 받는다**'(칭의)는 말은 무슨 뜻인가? 루터는 우리의 믿음 때문에 의롭게 된다는 뜻이 **아님**을 강조한다. 죄인이 자신의 믿음 때문에 의롭다 함을 받는 것은 아니라는 말이다. 만일 그렇다면 믿음이라는 것을 우리가 행하거나 성취하는 인간의 일로 생각할 수 있기 때문이다. 사실 우리는 칭의에 필요한 모든 것, 믿음까지도 하나님으로부터 받았다.

믿음으로만 의롭다 함을 받는다는 이신칭의 교리는 구원에 필요한 모든 것을 하나님이 행하신다는 사실을 인정하는 것이다. 믿음 자체도 하나님으로부터 오는 선물이다. 여기서 하나님은 능동자로 행동하시고 우리는 수동자의 입장에 선다. 하나님은 은혜로 주시고 우리는 기쁨으로 받는다. 우리가 의롭다 함을 받는 것은 우리의 공적이나 행위 또는 도덕적 덕행 때문이 아니라 하나님이 우리에게 주시는 선물 때문이다. 우리가 선행으로써 의롭게 되는 것이 아니라, 이미 하나님의 의로 우리가 의롭게 되었으므로 선행을 할 수 있다고 루터는 강조한다. 다시 말해 선행은 하나님이 이미 주신 의에 대한 반응이라고 해야 옳지, 우리가 선을 행했기 때문에 하나님이 의를 허락하시는 것처럼 생각해서는 안 된다. 의로운 삶은 칭의의 **결과**이지 **조건**이 아니다.

루터의 견해는 그를 비판하는 많은 비평가들이 볼 때 터무니없는 것이었다. 하나님은 선행 따위에는 관심조차 두지 않는다는 주장처럼 들렸기 때문이다. 이로 인해 루터는 무분별한 자유사상가라는 낙인이 찍혔고, '도덕률 폐기론자'antinomian라는 악명을 얻었다(도덕률 폐기론자는 신앙생활에서 율법의 위치—희랍어로는 '노모스'nomos를 법이라 한다—를 무시하는 사람을 말한다). 도덕률 폐기론자와 아주 흡사한 뜻을 가진 말로 '무정부주의자'라는 말이 있기도 하다. 사실 루터는 선행이 칭의의 **원인**이 아니라 결과라고 말했을 뿐이다. 다시 말해 루터는 선행을 **칭의**의 **원인**으로서가 아니라 **의롭다 함을 받았기 때문에 나타나는 자연스러운 결과**로 취급했다. 따라서 루터는 도덕을 폐기하기는커녕 도덕이 마땅히 서야 할 자리가 어디인지 그 위치를 올바로 설정해 주었을 뿐이다. 신자들이 선을 행하는 것은 그 선행을 통해 하나님께 죄 사함을 얻고자 함이 아니다. 그것은 이미 용서를 베풀어 주신 하나님께 대한 감사의 뜻을 행동으로 나타내는 것이다. 스위스의 종교개혁자 하인리히 불링거Heinrich Bullinger도 1554년에 발표한 이 주제에 관한 논문에서 거의 동일한 주장을 하고 있다. 논문의 제목은 대단히 웅변적인 것은 아니지만 매우 포괄적인 성격을 띤 것으로, '**믿음은 결국 많은 선행을**

생기게 하지만, 선행 없이도 오직 믿음을 통해 그리스도로 말미암아 우리를 의롭다 하시는 하나님의 은혜'라고 되어 있다.

　루터는 그리스도와 신자의 '놀라운 교환'이라는 개념을 사용함으로써 '하나님의 의'에 대한 이해를 더욱 심화시켰다. 루터는 결혼의 비유를 들어, 그리스도와 신자는 믿음을 통해 서로 연합되어 있다고 했다. 그리스도가 그의 의를 신자에게 주듯이 신자의 죄는 반대로 그리스도에게 옮겨진다는 개념이다. 칭의 교리는 단순한 법적 허구가 아니라 부활하신 그리스도와 신자 개개인이 실제로 인격적 연합을 이루고 있음을 가르친다. 그리스도의 소유였던 모든 것이 우리의 것이 되고 우리가 가진 모든 것이 그리스도의 것이 된다. 루터는 그리스도를 꼭 붙잡는다는 뜻으로 '붙잡는 믿음'$^{fides\ apprehensiva}$이라는 표현을 썼다. 이 '붙잡는 믿음'을 통해 그리스도가 신자와 연합하며, 이 연합을 통해 놀랍게도 서로의 소유가 교환된다는 '놀라운 교환' 현상이 일어나게 된다. 루터는 칭의를 통해 일어나는 변화가 신자 개인의 본성이 바뀌는 근본적 변화라기보다는 그 사람이 하나님 앞에서 갖는 위치나 신분의 변화라고 주장한다. 즉 모든 신자가 믿음으로 의롭게 된다 해도 그는 여전히 죄인이라는 것이다. 그러므로 신자에게 어떤 죄가 발견된다고 해서 그가 의롭게 되었다는 사실에 의심을 가질 필요는 없다.

　루터의 이신칭의 교리가 신자 개개인에게 의미하는 바가 상당히 컸음은 틀림없는 사실이다. 신자들의 구원은 하나님이 하시는 일에 의한 것이지 그들 자신의 행위에 의한 것이 아니었다. 그들이 수고한 대가로 구원받는 것이 아니라 선물로 구원받는 것이기 때문이다. 여러 면에서 볼 때 그러한 사상은 혁신적인 것이었다. 오늘날 교회 밖에 있는 사람들은 대개 구원을 선행의 대가나 보상으로 생각한다. 그래서 사람들은 종종 자신이 그리스도인이 될 만큼 선하지 못하다고 말한다. 그 말에는 루터도 동의할지 모르겠다. 그러나 우리가 선하기 때문에 하나님이 우리를 의롭다고 하신 것이 아니라 하나님이 우리를 의롭다고 하시기 때문에 우리가 선한 사람들이 된 것 아닌가! 루터는 우리가 죄인이며 하나님의 은혜를 받을 자격이 전혀 없다고 인정하는 바로 그것이, 우리의 수고로는 도저히 받을 수 없으나 한번 받으면 삶을 변화시켜 주는 이 은혜를 받는 첫걸음이라고 했다.

이신칭의 교리가 개개의 신자들에게 중요한 가르침이었던 만큼 그것은 종교개혁이 일던 당시의 사회에도 적지 않은 영향을 끼쳤다. 그것은 루터를 처음으로 세상에 알려지게 한 1517년의 면죄부 논쟁에서 입증되고 있다. 면죄부란 무엇인가? 그것은 본래 사죄의 은총에 대한 감사의 표시로 바치는 자선 헌금이었다. 그러나 16세기 초에 이르러 이 순수한 의도는 교황청의 중요한 수입원의 하나로 둔갑하고 만다. 루터는 요한 테첼이라는 지정 면죄부 판매인의 상술에 특별한 분노를 느꼈다. 3마르크만 내면 연옥에 갇혀 온갖 형벌을 받아야 하는 사람이 풀려날 수 있다고 했기 때문에 많은 사람들은 그렇게 값싼 기회를 뿌리칠 수가 없었다. 더욱 악랄했던 것은 사랑하는 이의 영혼을 연옥의 고통으로부터 구할 수 있다고 장담한 테첼의 언질이었다. 그것은 하나님의 용서를 사고팔 수 있다는 듯이 들렸다. 사실 그러한 언급은 하나님의 은혜에 대한 신약성경의 강조점과는 전혀 다른 것이었다. 그러한 언질에 격분한 나머지 루터는 1517년 10월 31일 비텐베르크성 교회 정문에 면죄부에 관한 유명한 95개 반박문을 내다 붙였던 것이다.

사실 용서를 돈 주고 살 수 있다는 생각은 당시 꽤 널리 퍼져 있었다. 많은 사람들이 돈을 지불하면 죄악 행위로 인해 받게 될 영원한 형벌을 완전히 취소할 수는 없다 하더라도 상당한 감면은 받게 될 것이라고 굳게 믿었다. 그래서 브란덴부르크의 알브레히트Albrecht 추기경이 감형해 준 연옥 형벌을 모두 더하면 3924만 5120년에 이를 정도였다고 한다. 16세기 초 면죄부를 판매해 얻은 수입은 교황청의 주요 수입원이었던 것으로 밝혀져 있다. 또 교황이었던 브란덴부르크의 알브레히트와 금융 거래인 푸거Fugger 사이의 문제의 거래 장부가 보여 주듯 그 수입은 도처에 마련된 면죄부 수집함을 통해 유입되고 있었다. 결국 복잡한 이해관계가 얽혀 있던 면죄부의 판매량을 유지하기 위해 16세기 초의 교회는 칭의 교리를 모호하게 가르치고 있었다. 루터의 이신칭의 교리는 그것과 연관된 '만인 제사장' 교리와 더불어 신학의 학문적 영역을 훨씬 넘어서는 중요성을 가졌다. 그것은 교회의 이해타산 관계가 얽힌 문제를 그 근원부터 찔러 들어간 것이었다. 용서는 각 신자와 하나님과의 관계에서 해결될 문제이므로 그 일에 아무도 개입해서는 안 된다. 사제들도 신자의 죄가 용서되었다고 일방적으로 선언할 수는 없었다. 신자 스스로 죄를 자백하면 용서를 받는다는 성경의 약속을 읽어 볼 수 있기 때문에 누가 나서서 그 용서의 약속을 반복해 주거나 직접 용서를 베풀어 줄 필요가 없는 것이다. 또 하나님께 용서받기 위해 돈을 낼 필요 역시 전혀 없었다. 일반 대중 사이에 만연했던 미신과 교권적 착취의 기초가 되었던 연옥설도 전혀 성경적 뒷받침이 없는 꾸며 낸 이야기였다. 연옥의 존재를 부정하게 되자 사람들의 죽은 사람들에 대한 태도나 죽음을 바라보던 태도가 죽음과 관련된 이전의 관습들과 함께 사라져 갔다. 부분적으로는 르네상스의 개인주의가, 또 신약성경에서 파생된, 하나님과 개개인의 관계를 강조하는 새로운 강조점이 결과적으로 교회의 제도적 역할을 제한하게 되었다. 루터가 공격했던 것은 면죄부를 통한 교회의 수입뿐만 아니라 면죄부 판매 행위 이면에서 교회가 내세운 사죄권이었다.

1517년 10월 31일(독일에서는 이날을 '종교개혁일'로 지키고 있다) 면죄부 판매에 항거하기 위해 95개 반박문을 내건 루터의 행위는, 오늘날의 세제 광고에 맞먹는 테첼의 면죄부 판매 선전에 항의하기 위해 들고 일어난 것만은 아니었다. 또 그것을 단순히 교회 당국에 제안한, 용서의 가르침에 대한 정정 신청 정도로 보아서도 안 될 것이다. 그것은 용서에 대한 새로운 신학의 출현을 알리는 것이었다(더 정확히 말한다면, 과거로부터 존재했지만 잊혀지고 있던 용서의 신학을 재현한 것이라고 할 수 있다). 이 새로운 신학의 출현은 제도적 교회가 가지고 있던 사죄권을 취소할 만큼 위협적인 것이었고, 교황을 비롯한 많은 성직자들과 몇몇 영주들 그리고 이 일과 깊이 관련된 한 주요 금융 거래인 등 실로 수없이 많은 사람들의 이익을 위협하는 것이었다. 루터는 이신칭의 교리를 통해 하나님의 용서가 사람의 재정적 형편이나 사회적 신분과 관계없이 누구에게나 거저 주어지는 것이며 사고팔 수 있는 것이 아님을 확인했다. 그것과 관련된 '만인 제사장' 교리는, 신자라면 누구든지 사제나 교회의 중재 없이 자신의 구원에 필요한 모든 것을 하나님의 은혜로 행할 수 있다는 것이다. 그러므로 루터의 견해를 놓고 당시의 교회는 그처럼 깊은 우려를 표명한 데 반해 평신도들은 지대한 관심을 갖고 받아들였다는 사실을 조금도 이상하게 생각할 것이 없다.

그러면 루터의 칭의 교리가 오늘날 우리 시대에는 어떤 의미가 있을까? 현대 서구 사회, 특히 미국 사회는 성취 지향이다. 우리 대부분은 가족이나 친구들에 의해 형성된 가치관 때문에 하나님의 사랑을 받아들이기가 어렵다는 사실을 발견한다. 우리는 완벽주의자들일지도 모른다. 하나님이 우리를 사랑하시기 전에 우리가 무엇을 **해야만** 하고, 무슨 업적을 **성취해야만** 한다고 생각한다. 만약 우리가 그런 사고방식의 소유자라면 복음이 선언하는 하나님 사랑의 **무조건성**은 받아들이기 매우 어려운 사실로 보일 것이다. 사실 그러한 복음의 선언은 서구 문화의 기준과 상충한다. 우리는 의존적으로 살면 안 된다는 가르침을 계속해서 받아 왔다. 그래서 어떤 사람들은 개인의 독립을 인생의 신조처럼 생각한다. 개인의 성취란 누구에게도 의존하지 않고 스스로 이룩하는 것이기 때문이다. 그러나 하나님이 우리를 사랑하신다는 사상은 하나님을 의지하는 삶으로 초대하는 것이기 때문에, 그것은 이미 이 사회에서 우리가 습득한 일련의 가치들, 곧 이 세상에서 남보다 앞서려면 독립적 자세를 가지라는 이 사회의 믿음과 상충한다.

루터의 이신칭의 교리는 이러한 자세에 강력하게 도전하는 것이다. 하나님 앞에서 우리의 영적 신분은 주어진 것이지 우리가 수고한 대가로 획득한 것이 아니다. 루터의 말처럼, "죄인들이 하나님의 사랑을 받고 있기 때문에 매력적인 존재가 되는 것이지 본래 그들이 어떤 매력이 있어서 하나님의 사랑을 받는 것은 아니다." 하나님의 사랑이 우리의 성취 때문이 아닌 만큼, 구원이라는 것도 우리의 노력을 통해 얻을 수 있는 것이 아니다. 많은 것을 의욕적으로 성취할 수 있는 사람들만이 그리스도인이 될 수 있는 것은 아니다. 일을 이루시는 분은 하나님이지 우리가 아니기 때문이다. 믿음으로 말미암아 침잠할 수 있다는 신앙의 평정 tranquility of faith — 이것은 루터 영성의 위대한 주제다 — 은 하나님이 예수 그리스도 안에서 우리의 구원에 필요한 모든 일을 이미 잘 이루어 놓으셨다는 깨달음과 함께 온다.

더 읽어 볼 자료

앞 장 끝에 수록했던 자료들 대부분이 이 장의 내용과도 관련이 있다. 그 자료 목록에 다음 목록을 첨부한다.

○   종교개혁 당시 칭의 교리가 얼마나 중요한 교리였는가를 특히 루터와 관련해 설명한 입문서를 찾는다면, 『알리스터 맥그래스의 이신칭의』 Justification by Faith, 생명의 말씀사, pp. 47-62를 보라.

○   루터가 그의 신학 사상을 전개하는 과정에서 어떻게 돌파구를 마련했는가에 대한 자세한 분석 연구서로는 알리스터 맥그래스의 『루터의 십자가 신학』 Luther's Theology of the Cross, 컨콜디아사이 있다.

7장

울리히 츠빙글리
예수를 기억하라

주의 만찬에 참예하는 사람은
마음으로부터 그리스도의 죽음을 기뻐하고
그 죽음으로 인해 주께 감사드림을
증거하는 것이다.

_ 울리히 츠빙글리 Huldrych Zwingli(1484-1531)

대부분의 사람들은 종교개혁을 마르틴 루터의 영향력 아래 독일에서 일어난 사건으로 생각한다. 그러나 그 운동은 스위스에서도 전개되었으며, 초기에는 루터의 영향을 받지 않은 독자적 운동이었음이 밝혀지고 있다. 루터가 라이프치히 논쟁에서 자기의 견해를 변론하고 있을 바로 그 무렵[1519], 츠빙글리[Huldrych Zwingli]는 취리히에서 종교개혁을 시작하고 있었다. 역사가들이나 신학자들이 루터를 너무 중요시한 나머지 스위스의 종교개혁은 간과되고, 그것을 주도한 개혁 지도자의 이름 역시 빛을 보지 못한 사례가 종종 있다.

당시 스위스는 오늘날에 비해 아주 작은 나라였다. '스위스'(Switzerland, 우리나라에서는 일반적으로 스위스[Swiss]라고 부르는데, 이것은 사실 공식 국가 명칭인 Switzerland의 형용사형 또는 그 나라 사람을 일컫는 명사다—옮긴이)는 본래 '캔톤'[canton]이라 불리던 작은 세 주—스위즈, 우리, 운터발덴—가운데 하나인 스위즈를 따라 붙여진 이름이며, 이 세 주가 1291년 오스트리아와 공동방위조약에 조인함으로써 생긴 나라다. 이 연방 체제는 점차 그 규모를 확대시켜 1332년에는 루체른이 이 연방에 가입했고 이어서 1351년에 취리히, 1352년에는 글라루스와 추크, 1353년에는 베른이 가입했다. 확장일로에 있던 연방국의 위세는 내펠스 전투[1388]에서 입증되었는데, 이 전투에서의 승리는 새로 탄생한 연방국의 생존을 확고하게 해 주었다. 1481년에는 졸로투른과 프라이부르크 등의 주가 이 연방 체제에 가입함으로써 총 열 개의 주로 구성된 연방국의 모습을 갖추게 되었다. 1501년에는 바젤과 샤프하우젠이, 1513년에는 아펜첼이 속속 이 연방국에 합병함으로써 그 후 프랑스혁명의 여파로 후속 합병이 이루어지기 전까지 더 이상 가입할 주가 남아 있지 않을 정도였다.

츠빙글리는 1484년 정월 초하루, 오늘날 스위스 동부에 해당하는 생갈렌주의 토겐부르크 골짜기에서 태어났다. 엄밀히 말해 생갈렌은 스위스 연방에 속한 영토가 아니었으나 1451년에 조인된 조약에 따라 스위스 연방에 합병되었다. 츠빙글리는 자신을 항상 스위스인이라고 생각했던 것 같다.

츠빙글리는 베른에서 교육을 받은 다음 비엔나 대학교에서 수학했다[1498-1502]. 비엔나 대학교는 당시의 대학 교육 개혁에 힘입어 눈부신 발전을 보인 스위스 인근 대학들 중의 하나로 그 명성이 널리 알려진 학교였다. 인문주의 운동을 주도했던 콘라트 켈티스 Conrad Celtis와 같은 인물들의 지도 아래 이 대학은 인문주의적 개혁을 수용하고 있었다. 비엔나 대학교를 졸업한 다음 츠빙글리는 바젤 대학교로 옮겨 가 거기에서 인문주의자로서 한층 더 강력한 훈련을 받았다[1502-1506]. 1506년 사제로 임명받은 그는 그 후 10년간 글라루스에서 사제로 봉직하다가 1516년에 아인지델른으로 전근하게 된다.

츠빙글리의 청년기에 대해 알려진 모든 사실을 종합해 보면 그가 인문주의의 영향을 강하게 받았음을 알 수 있다. 5장에서 이미 살펴본 대로 20세기의 독자들에게 '인문주의자'라는 말이 '세속주의자'나 '무신론자'와 유사하게 들리지만, 르네상스나 종교개혁 당시에는 그런 뜻으로 쓰이지 않았다. 인문주의란 라틴어나 희랍어로 쓰인 고전 작품들을 사용하여 쓰는 훈련 및 웅변 훈련을 쌓는 것이었다. 즉 그것은 위대한 고전 문학을 원어로 읽는 복고주의 운동이었다. 인문주의자는 기본적으로 말 잘하고 글 잘 쓰는 것을 매우 중요시한 사람들로서, 화술과 작문 기술은 고전을 공부함으로써 개발된다고 믿었던 사람들이다. '원전으로 돌아가자'$^{ad\ fontes}$라는 표어는 이러한 그들의 접근 방식을 단적으로 보여 주는 것이다.

이러한 인문주의가 기독교와 어떤 연계성을 갖는가 하는 것은 분명하게 드러난다. 먼저 인문주의는 반기독교적이거나 기독교와 전혀 무관한 기독교 외적인 것이 아니었다. 이 운동은 원전으로 돌아가자는 운동이었기 때문이다. 순수 문학적인 목적으로는 라틴어나 희랍어로 된 고전을 원전으로 보아야 했지만, 종교적 목적으로 보아야 할 원전은 신약성경이었다. 즉 신학을 가장 잘하려면 성경으로 돌아가 그것을 원문으로 읽어야 한다. 스콜라주의로 일관된 중세의 신학 작품들에 몰두하기보다는 직접 성경으로 돌아가 거기에서 발견한 것을 깊이 묵상해야 한다는 것이다. 여러 측면에서 볼 때 인문주의의 발흥은 종교개혁의 발판이 되었다고 할 수 있다. 왜 그러한가는 다음 요소들이 잘 설명해 준다.

첫째, 인문주의의 영향으로 성경 자체에 대한 연구를 새로이 강조하게 되었다. 다시 말해 당시 신학자들은 기독교에 대한 연구와 이해를 위한 가장 중요한 자료가 성경임을 새삼 깨닫고 성경을 주목하여 보게 되었다. 성경 이외의 자료들은 이차적인 중요성을 띨 뿐이었다. 인문주의에서 생긴 이 일반 원리가 종교개혁 사상에 흡수되면서 그것은 '성경적 원리'가 되었다. 만약 성경으로 직접 입증할 수 없는 것이 있다면 그것은 믿음에 필수 불가결한 것은 아닐 것이다. 그러나 성경으로 입증할 수 없다고 해서 틀린 것으로 볼 수는 없다. 다만 그러한 사실을 **반드시** 믿어야 한다고 말할 수는 없지 않느냐는 것이다. 예를 들어, 루터와 칼뱅을 비롯한 대부분의 종교개혁자들은 유아세례에 대해 성경이 직접적으로 언급하지는 않지만 성경에 의해 그것을 정당화할 수 있다고 생각했기 때문에 유아세례를 하나의 관행으로 지키는 데 호의적이었다. 그러나 죽은 사람을 위해 기도하는 행위에 대해서는 유아세례처럼 정당화할 수 있는 것이 아니라고 생각했기 때문에 반대했다.

둘째, 성경을 라틴어 번역이 아닌 원어로 연구해야 한다는 생각도 인문주의에서 온 것이었다. 앞서 언급한 것처럼 중세에 가장 일반적으로 사용된 성경은 불가타 번역판이었다. 이것은 신약과 구약을 라틴어로 번역한 성경으로 외경 또는 정경외서正經外書로 불리는 책들이 포함되어 있었다. 그러나 썩 잘 번역된 성경은 아니어서 종종 잘못 번역된 단어들로 인해 중세의 교인들을 오류에 빠뜨렸다. 몇 가지 예를 들어 보면 어떤 문제들이 발생했는지 짐작해 볼 수 있을 것이다.

예수님이 갈릴리에서 사역을 시작하실 때 무슨 말씀을 하셨는가? 불가타 성경은 예수님이 다음과 같이 말씀하신 것으로 번역했다. '**참회하라**^(Do penance). 하나님의 나라가 가까이 왔다.' 그런데 회개를 뜻하는 이 '참회'라는 말은 중세의 교인들에게는 고해성사라는 하나의 교회 전례처럼 보일 수 있었다(종교개혁 이후 대부분의 개신교 파에서는 '세례'와 '성찬'만을 성경적 근거가 있는 성례 혹은 성사^(Sacraments)로 인정하지만, 가톨릭에서는 영세·견진·고해·종부·신품·혼배 등의 7성사를 모두 인정한다. 그 가운데 하나인 '참회'^(penance)는 신부 앞에 단독으로 나아가 은밀한 죄를 고백하는 '고해성사'다―옮긴이). 이러한 것에 대해 희랍 고전 문학에 밝았던 로렌초 발라^(Lorenzo Valla)나 로테르담의 에라스무스 같은 인문주의자들은 올바른 번역은 불가타판의 번역과 차이가 있다고 지적하며, "**회개하라**^(repent). 천국이 가까이 왔느니라"^(마 4:17)고 번역하는 것이 옳다고 교정해 주었다. 새로운 번역에서 '회개'라는 말은 심성의 변화 혹은 마음의 변화를 뜻하는 단어로, 그 메시지를 듣는 사람들에게 어떤 행위를 요구한 것이었지 교회에서 할 수 있는 전례나 의식을 가리키는 말이 아니었다.

또 천사 가브리엘이 마리아에게 나타나 그녀가 예수를 잉태할 것이라는 말을 전한 다음 이어서 한 말을 불가타 성경은 "**은혜가 충만한 이여**, 기뻐하시오"라고 번역했다. 이 번역은 마리아가 은혜를 가득 담고 있는 저장소인 것처럼 보이게 함으로써 사람들이 은혜를 필요로 할 때 마리아에게 나아가도록 한다. 그래서 이 한 구절에 기초를 둔 신학을 발전시켜 마리아를 하나님 은혜의 근원으로 보게 되었다. 하지만 인문주의 훈련을 받은 번역자들에 따르면, 원래 희랍어 본문은 그런 뜻을 갖지 않는다. 오히려 "은혜를 받은 자여, 평안할지어다"^(눅 1:28)라고 번역해야 한다는 것이다. 다시 말해 마리아는 하나님의 은총을 받았기 때문에 세상의 구세주를 수태할 수 있었다는 말이다. 이렇듯 원문에는 '은혜의 저장소'란 뜻이 전혀 내포되어 있지 않다. 그래서 중세 신학의 한 주요한 주제가 얼토당토않은 성서적 근거 위에 서 있음이 입증되었다.

성경을 원어로 연구해야 한다는 이러한 운동은 중세 교회가 표방해 온 전통 교리들에 대해 의문을 제기하기 시작했다. 그러한 의문이 생기게 된 것은 성경 본문을 잘못 번역했던 탓이며, 그 오역을 믿고 신학을 전개했기 때문이다. 종교개혁자들의 성경 원어 독해 능력은 당대 교회의 가르침과 전통적 관행을 성서 본연의 가르침에 따라 재고해 보려던 그들에게 중요한 무기가 되었다.

셋째, 종교개혁 이전과 비교할 때 성경이 훨씬 널리 보급되는 결과를 낳았다. 15세기에 인쇄술이 발명되기 전에는 문서들이 사본 형식으로 발행되었다. 문서를 일일이 손으로 써서 베껴야 했던 필사본 발행 작업은 지긋지긋할 뿐 아니라 엄청난 비용이 소모되는 작업이었다. 그런 상황에서 평신도가 성경의 필사본을 구해 본다는 것은 실제로 불가능한 일이었다. 그러나 종교개혁과 때를 같이한 인쇄술의 발명으로 대량의 서적을 적은 비용으로 만들어 낼 수 있게 되었다. 그래서 16세기 초기에 들어서서는 평신도의 서가에서 인쇄된 신약성경을 발견하기가 그리 어렵지 않게 되었다. 성경을 구하기가 쉬워짐에 따라 많은 독자들이 교회가 성경 원리에 충실한가를 관찰할 수 있게 되었다.

이렇듯 출판 활동이 활성화된 데는 인문주의자들의 공헌이 매우 컸다. 에라스무스와 같은 인문주의자는 신약성경을 원어인 희랍어로 편집해 출판했고, 성경학자들은 당대에 출판된 희랍어나 히브리어 문법책들을 공부해 원어의 뜻을 이해할 수 있게 되었다. 결국 더욱 많은 사람들이 성경을 원어로 읽고 이해할 수 있게 된 것이다. 또 제대로 교육받은 평신도 계층이 형성되면서 그들도 스스로 성경을 읽고 이해하게 되었다. 즉 이전에 성경을 읽고 이해했던 성직자들의 독점적 특권이 그 종말을 보게 된 것이다.

츠빙글리는 전형적인 인문주의 성경학자로서 신약성경을 원어인 희랍어로 읽고 이해할 수 있었다. 원어 신약성경에서 발견한 본래의 뜻을 깨달아 가면서 거기에 매료된 츠빙글리는 신약성경에 나타난 교회의 모습과 중세 말기의 가톨릭교회 모습의 명백한 차이점들을 예리하게 인식하게 되었다. 츠빙글리는 자신이 본 교회의 구조와 도덕적 현실이 신약의 교회와 엄연히 다른 것을 보며 고심했다. 결국 그는 신약성경에서 발견한 모델을 따라 당시 교회의 부도덕함을 개선하기 위해 개혁 프로그램을 구상하기에 이르렀다. 루터가 교회의 **교리적** 측면의 개혁을 강조했다면, 츠빙글리는 개개 신자들의 삶을 비롯한 교회 **생활**의 개혁에 관심을 두었다.

츠빙글리는 1518년에 새로운 부임지로 초빙받아 가게 되었는데, 이는 그의 생애를 뒤바꿔 놓은 사건이었을 뿐만 아니라 서구 교회를 변혁시킨 사건의 시발점이었다. 그는 취리히의 그로스뮌스터 성당의 목회자로 초빙받았는데, 이곳은 취리히에서 가장 큰 성당이었으므로 그 위세 또한 대단했다. 이 무렵 취리히는 스위스 연방에서 주요 도시로서 위치를 확고히 하고 있었다. 이 같은 사실들로 미루어 볼 때 그 교회의 초빙을 받는다는 것은 중요한 일이었다.

1519년 1월 1일 토요일, 서른다섯 번째 생일부터 츠빙글리는 취리히에서 목회를 시작했다.

츠빙글리가 종교개혁자라는 사실은 곧 드러났다. 부임한 바로 다음날 그는 새로운 설교 프로그램을 시작하겠다는 의사를 밝히고 마태복음을 가지고 순서에 따라 연속 설교를 하기로 했다. 그는 당시 유행하던 주석류에 의존하지 않고 직접 성경 본문을 가지고 설교하는 방식을 취했다. 츠빙글리에게 성경은 살아 있는 말씀이었고, 해방의 말씀이었다. 성경은 하나님이 그의 백성들에게 말씀하시는 수단이며, 그들을 거짓 사상과 그릇된 행습의 속박으로부터 행방시켜 주는 수단이었다. 이렇게 츠빙글리가 복음에 대한 그릇된 이해를 반박하고 나오자 곧 논쟁이 벌어졌다.

취리히의 시 의회는 시내에서 점증되고 있던 불안 요소 때문에 전전긍긍하다가 사태를 진정시켜야 한다고 결의하여, 1523년 1월 츠빙글리와 그를 반박할 교회의 논적들을 불러 놓고 대대적인 공개 토론회를 열었다. 시 의회가 심판석을 차지한 가운데 츠빙글리는 자신이 취리히 시내의 몇몇 사제들과 추진 중인 교회 개혁 계획을 놓고 변론했다. 츠빙글리가 우세하다는 사실이 곧 명백해졌다. 히브리어, 희랍어, 라틴어를 취리히 방언으로 별 어려움 없이 척척 번역할 줄 아는 츠빙글리의 성경 해석 능력에 맞설 논적은 아무도 없었던 것이다. 결과는 뻔한 것이었다. 시 의회는 츠빙글리가 변론한, 성경에 기초를 둔 교회 개혁 프로그램을 시의 공식 정책으로 받아들이기로 결정했다.

이러한 성공에 힘입은 츠빙글리는 다른 시 의회들도 그러한 공개 토론회를 갖도록 설득하고 나섰다. 그러던 중 1528년에 베른시가 그와 비슷한 공개 토론회를 거쳐 교회 개혁 프로그램을 수용하게 되면서 중대한 돌파구가 마련되었다. 베른시는 그 지역에서 정치적·군사적 중심 역할을 하고 있었기 때문이다. 1536년 전투에서 완전히 포위된 제네바를 베른이 군사적·정치적으로 지원한 것이 결국 제2단계에 접어든 교회 개혁에서 칼뱅의 영향력을 확고히 하는 데 결정적 역할을 하기도 했다. 칼뱅이 종교개혁자로서 성공할 수 있었던 이면에는, 일반에게는 잘 알려지지 않았지만 츠빙글리의 이와 같은 개척적 측면 지원이 있었다고 할 수 있다. 츠빙글리는 교회 개혁의 대의를 변호하던 중 1531년 전투에서 사망했다.

츠빙글리가 기독교 사상에 공헌한 것은 여러 가지로 말할 수 있지만, 그 가운데 가장 관심을 끄는 것은 주의 만찬, 성찬식, 유카리스트(Eucharist, 가톨릭에서는 성체 성사 혹은 영성체라고도 부른다. 유카리스트라는 말은 예수님이 제자들과 마지막 만찬을 하시면서 이 의식의 첫 모습을 보일 때 떡과 잔을 나누기 전에 친히 '감사' 또는 '사례'하셨다는 말씀이 나오는데[마 26:26-27; 막 14:22-23; 눅 22:14-20; 고전 11:3-26] 그 말의 희랍 원어 $euchareō$에서 따온 용어다—옮긴이) 등 다양한 명칭으로 알려진 의식을 통해 그리스도인들이 예수 그리스도의 죽음을 기념하는 이유에 대해 해설한 것이다. 복음서에 나오는 최후의 만찬에 대한 기록들을 보면[마 26:17-29; 막 14:12-25; 눅 22:7-20, 그밖에 고전 11:23-25를 참고하라] 예수님이 제자들에게 "이를 행하여"(즉 떡을 떼서 먹고 잔을 마심) "나를 기념하라"[눅 22:19]고 말씀하신 것을 볼 수 있다. 그런데 그렇게 하는 것이 예수님을 기억하는 데 도대체 어떤 도움이 된다는 말일까? 또 더욱 중요한 것으로서 예수님이 떡을 떼시면서 "이것은 너희를 위하여 주는 내 몸"눅 22:19이라고 하신 말씀을 어떻게 해석해야 할까? 어떻게 떡 조각이 예수님의 몸이라는 말인가? 이 질문에 대한 츠빙글리의 답변은 중요한 것으로, 우리 이해에 도움이 된다. 먼저 성찬식을 행함으로써 어떻게 예수님을 기억할 수 있는지 생각해 보자.

츠빙글리는 두 가지 비유를 사용해 성찬 예식과 예수님의 죽음의 관계를 설명한다. 첫째 비유는 한 상인에 대한 것이다. 그는 사업차 위험이 도사리고 있을지 모르는 먼 여행을 떠나는 길이었다. 집을 떠나기 전에 그는 아내에게 자기가 끼고 있던 반지를 건네주며 자기가 없더라도 반지를 보며 자기를 기억하라고 이른다. 그가 없는 동안 반지는 남편에 대한 기억을 새롭게 해 줄 증표였던 것이다. 반지와 그것을 남겨 놓고 떠나는 남편은 깊은 연관성이 있다. 츠빙글리는 이 비유에서처럼 성찬식은 예수님을 회상시켜 주며 그의 재림에 대한 약속을 되살려 준다고 주장한다(이러한 설명이 고전 11:23-25에서 바울이 언급한 것과 얼마나 잘 들어맞는가를 주의해 살펴보라).

둘째 비유는 스위스의 국가적 정체성과 관련된 특정 개념에 근거를 두고 있다. 앞에서 우리는 내펠스 전투[1388]를 통해 스위스 연방이 살아남게 된 만큼 그 전투가 얼마나 중요했던가를 주목했다. 그 전투에서 스위스 연방군은 연방 체제를 위협하던 오스트리아군과 맞서 싸워 그들을 전멸시켰다. 스위스 연방군은 여러 주에서 파견된 군대로 조직되어 있었기 때문에 연방군은 모두 같은 편이라는 것을 보이기 위해 병사들의 군복 어깨에 흰 십자가를 새긴 견장을 달도록 했다. 이 견장을 통해 스위스 연방에 충성을 맹세한 군인이라는 사실을 확인할 수 있었다. 그것은 신분과 연대감을 표시하는 것이었다(바로 이 흰 십자가는 오늘날에도 스위스 국기의 핵심 상징이다).

내펠스 전투에서 거둔 승리는 너무도 중요한 것이어서 츠빙글리의 생존 당시 매년 전승 기념 순례를 함으로써 이를 기념했다고 한다. 매년 4월 첫 주 목요일이면 각 주의 시민들은 글라루스주의 내펠스까지 순례의 길을 떠나 그곳에서 거둔 승리에 대해 감사하고 이어 스위스 연방의 복지가 지속될 수 있게 해 달라고 기도하는 전통이었다. 그 전투는 스위스 연방의 역사적 전환점이었기 때문에 연방국 역사의 주춧돌과 같은 사건으로 해석되었다.

츠빙글리는 이렇게 성찬식과, 십자가에서의 예수님의 죽음과의 관련성을 설명하기 위해 내펠스 전투의 여러 가지 특징을 사용한다.

만일 어떤 사람이 흰 십자가를 자기 옷에 새겼다면 그는 연방국 군의 일원이 되고 싶다는 뜻을 나타내는 것이 된다. 또 그가 내펠스에 이르는 순례의 길에 올라 하나님이 우리 선조들에게 허락하신 승리에 대해 감사하고 찬양한다면, 그는 자신이 진정한 연방국의 신민임을 증거하는 것이다. 마찬가지로 세례를 받은 자는 하나님이 그에게 하시는 말씀을 듣고자 작성한 사람으로서 하나님의 계명을 배우고 그 계명에 따라 살기로 결심한 사람이다. 또 주의 만찬에 참예하고 기념하는 가운데 회중과 더불어 하나님께 감사하는 사람은 마음으로부터 그리스도의 죽음을 기뻐하고 그 죽음으로 인해 주께 감사 드림을 증거하는 것이다.

이와 같이 성찬식이나 세례식은 신자가 기독교 공동체에 충성하겠다는 공개 선언을 하는 것이다. 내펠스 전투에 임한 스위스 병사가 흰 십자가를 새긴 군복을 입고 싸움으로써 스위스 연방에 충성하고 있음을 공개적으로 알렸던 것처럼, 그리스도인은 세례식이나 성찬식을 통해 예수님의 죽음을 기억함으로써 기독교 공동체에 충성하고 있음을 선포한다. 또한 내펠스로의 순례가 스위스 연방의 존폐를 판가름 지은 위대한 사건을 기념하기 위한 것이었듯 성찬식은 지금의 기독교 공동체가 존립하게 된 근거인 예수님의 수난과 죽음을 기억하는 의식이다. 그리스도인들은 성찬식을 통해 예수님의 죽음이 승리를 가져다주었다는 사실을 되새기는 것이다.

츠빙글리는 그리스도의 죽음이 교회에서 어떤 의미를 갖는가를 말할 때도 내펠스 전투가 스위스 연방에서 갖는 의미를 예로 들었다. 그리스도의 죽음은 교회를 탄생시킨 사건으로서 교회의 정체성과 그것을 인식하는데 중심 역할을 하는 사건이다. 그러나 내펠스 전투를 기념한다고 해서 실제 전투를 재현하는 것이 아닌 것처럼, 성찬식도 그리스도의 희생적 죽음을 반복하거나 성찬식 때 그리스도가 임재하는 것이 아니다. 성찬식은 한마디로 '그리스도의 고난을 회상하는 기념 의식'일 뿐이다. 그리스도는 다음과 같이 말씀하시는 것 같다. "내가 너희에게 이것을 나의 순종과 언약의 상징으로 주는 것은 너희로 하여금 나와 나의 선함에 대해 기억하게 하기 위함이다. 따라서 이를 기념하는 만찬에서 너희에게 주어지는 빵과 잔을 볼 때 너희는 마치 너희 앞에서 너희와 함께 먹는 나를 보는 것처럼 너희를 위해 바쳐진 나를 기억하게 될 것이다."

그러면 '이것은 나의 몸'이라는 말씀은 어떻게 이해해야 할까? 중세에 특별히 중요성이 인정된 한 이론이 있는데 바로 화체설化體說이다. 이는 라틴어에서 온 말로 문자 그대로 번역하면 '본질상의 변화'란 뜻이다. 이 이론에 따르면 성찬식에 쓰이는 빵의 겉모습, 곧 그 모양·맛·냄새·색깔 등은 불변하지만 어떤 심오하고 신비로운 과정을 통해 그 빵의 내적 본질은 변한다. 다시 말해 그 빵이 그리스도의 몸으로 변한다는 것이다. 아리스토텔레스는 물질의 외형을 '우연적 속성'으로, 그것의 내적 실체를 '본질'로 구분한 바 있다. 화체설에 따르면, 성찬식에 쓰이는 빵의 속성은 불변하지만 그 빵의 본질은 빵에서 예수 그리스도의 몸으로 변한다는 것이다.

츠빙글리는 이 이론이 말도 안 된다고 생각했다. 예수님이 '이것은 내 몸'이라고 말씀하셨을 때 쓰인 '…은 …이다'라는 말은 **문자적 동일성**을 뜻하는 것이 아니라고 보았기 때문이다. 츠빙글리는 요한복음에 나오는 관련 구절을 예로 들어 논리를 전개한다. "나는 생명의 떡이니"요 6:35라는 말씀이 그것이다. 츠빙글리는 예수님이 그렇게 말씀하셨다고 해서 예수님 자신이 한 덩어리의 떡으로 탈바꿈하신 것은 아님을 지적한다. 그 말씀은 은유적으로 쓰인 것이기 때문이다. 다시 말해 '이것은 내 몸이다'라고 하셨지만, 그 말을 곧이곧대로 받아들여 '이 떡은 예수 그리스도의 몸과 **문자 그대로 동일하다**'는 말로 받아들일 수는 없다. 오히려 그 말은 '이 떡은 그리스도의 몸을 **의미한다**'signifies는 뜻의 말로 십자가에서 찢기신 예수님의 몸을 생각하게 한다.

그러면 그 떡이 어떻게 예수님의 몸을 의미하게 될까? 떡 한 조각과 같이 보잘것없는 것을 가지고 어떻게 예수님의 죽음과 같은 거룩한 사건을 상징할 수 있단 말인가? 정말 그것은 불가능한 일처럼 보인다. 그런데 츠빙글리는 그런 일이 얼마나 쉽게 발생할 수 있는가를 보여 주기 위해 많은 비유를 들고 있다. 그 비유 가운데 특별히 도움이 되는 두 가지 비유를 생각해 보자.

츠빙글리는 고대 왕실에서 옥새로 사용되던 반지를 예로 들었다. 그것을 쇠붙이 한 조각에 지나지 않는 것이라고 생각하면 별로 대수롭지 않은 것이다. 설령 그 옥새 반지가 금으로 된 것이라고 해도 **도장만 한** 금붙이가 얼마나 대단한 것이겠는가? 그러나 그 반지는 왕의 권위와 세력을 상징하기 때문에 물질적 시가를 훨씬 웃도는 가치를 갖게 된다. 조그마한 금덩이를 가져다가 왕이 쓸 옥새 반지로 만들면 그것은 훨씬 큰 의미를 지니게 된다. 한때 조그마한 금 한 덩이에 불과하던 것이 이제는 왕의 전권과 위엄을 대신하게 되었기 때문이다. 그것은 곧 왕을 표시한다. 이와 같이 성찬식에 쓰이는 떡은 새로운 의미를 지닌다고 츠빙글리는 주장한다. 한 조각의 떡이지만 그것은 새로운 의미를 갖게 되고, 그에 따른 여러 가지 새로운 연관된 의미들을 갖게 되는 것이다.

또 다른 예로서 츠빙글리는 백합을 생각해 보라고 한다. 우리는 백합을 꺾어서 신부에게 씌울 화관을 만들 수 있다. 이때 화관을 장식한 백합은 여전히 백합이지만 신부의 화관을 장식하면서 그것은 결혼의 행복과 부부의 헌신의 상징이 된다. 그것이 그냥 들판에서 자라다가 누군가에 의해 꺾여 화병에 꽂힌다면 신부의 화관에 꽂힌 백합이 전달하는 연상적 의미를 전달하지는 못할 것이다.

백합이 놓이게 되는 환경과 상황에 따라 그것은 완전히 다른 의미를 갖게 된다. 그것은 성찬식에 쓰이게 된 떡에 대해서도 적용해 볼 수 있는 원리다. 성찬식이라는 새로운 상황에 놓인 떡은 그 상황에 따르는 새로운 의미를 갖게 된다. 앞서 말한 그 백합을 백합이 아닌 다른 물건이라고 할 수 없는 것처럼, 성찬식에 쓰인 떡도 떡임에는 틀림이 없다. 하지만 그것은 본래 떡으로서는 가질 수 없었던 새로운 의미와 연상적 의미들을 가지게 된다.

더 현대적인 예를 하나 들어 보면 이러한 뜻이 더 선명해질 것이다. 당신이 보석상 앞을 지나가게 되었다고 생각해 보자. 진열장을 통해 수많은 반지들이 가지런히 진열된 것을 볼 수 있다. 지나쳐 보다가도 가끔은 그 반지들을 갖고 싶은 마음에 잠깐 그 앞에서 발길을 멈추게 될 것이다. 그러던 어느 날 또 그 앞을 지나다가 그 상점의 점원이 진열장에 전시된 반지 하나를 한 젊은이에게 건네주고 그 젊은이가 함께 온 한 여인의 손가락에 그 반지를 끼워 주는 장면을 목격하게 된다. 그들은 막 약혼한 사이였다. 그렇다면 이제 그 반지는 두 남녀가 서로에게 헌신하겠다는 다짐을 보여 주는 언약의 상징인 것이다. 그것은 한때 그 보석 상점의 진열대를 장식하던 반지였으나 이제는 한 여인의 손가락에 끼워지게 되었다. 그 반지가 특별히 달라진 데는 없지만, 그것은 이제 다른 의미를 전달하게 되었다. 즉 전에 가졌던 것과는 아주 다른 의미와 관련된 다른 뜻을 획득했다. 그 반지는 새로운 상황에 놓이게 되었고 그 결과 새로운 의미를 갖게 되었다. 그것은 이제 특별한 물건이 되었는데, 그 반지가 이전에 가지고 있던 고유의 가치 때문이 아니라 그것이 놓인 상황으로 말미암은 관련성 때문에 그렇게 되었다.

마찬가지로 성찬식의 떡도 강한 연상적 의미로 말미암아 특별한 것이 된다. 그것은 예수 그리스도의 고난과 죽음에 대해 기억하게 한다. 또 우리가 받은 구속이 얼마나 값비싼 것인가를 생각하게 하는 촉매와 같은 작용을 한다. 우리를 위해 찢기고 부서져서 죽어 가는 그리스도의 영상이 그 떡과 함께 연상된다. 그러므로 그 떡은 우리의 묵상을 자극하고 집중시켜 줌으로써 예수님을 기억하게 하고, 그분이 우리를 위해 무엇을 하셨으며 우리에게 어떤 분이신가를 생각하게 한다.

더 읽어 볼 자료

○ 츠빙글리의 전기로서 지금까지 나와 있는 것들 가운데 가장 좋은 것은 포터$^{G. R.}$ ^{Potter}가 쓴 『츠빙글리』^{Zwingli}다.

○ 츠빙글리의 사상을 상세히 검토한 연구서로는 스티븐스$^{W. P. Stephens}$의 『울리히 츠빙글리의 신학』$^{The\ Theology\ of\ Huldrych\ Zwingli}$이 있다.

○ 종교개혁 당시 인문주의의 성격과 그것이 종교개혁에 미친 영향에 대해서는 알리스터 맥그래스가 쓴 『종교개혁 사상』$^{Reformation\ Thought}$, 기독교문서선교회, pp. 27-49을 보라.

○ 종교개혁기의 성경 연구와 해석에 인문주의가 어떤 영향을 미쳤는지를 보려면, 알리스터 맥그래스의 『종교개혁 사상』$^{Reformation\ Thought}$, 기독교문서선교회, pp. 95-116을 보라.

○ 성례식에 대한 츠빙글리의 견해를 더 알고자 한다면 앞의 스티븐스가 쓴 『울리히 츠빙글리의 신학』$^{The\ Theology\ of\ Huldrych\ Zwingli}$, pp. 180-259 또는 맥그래스의 『종교개혁 사상』pp. 117-130를 보라.

8장

장 칼뱅
하나님을 아는 지식

인간에게는 신을 의식할 수 있는 본능이 있다.
하나님은 모든 인간 속에 신적 위엄을
어느 정도 감지할 수 있는 마음을
심어 놓으셨다.

_ 장 칼뱅 John Calvin(1509-1564)

종교개혁의 제1세대는 상당한 재능을 가졌을 뿐 아니라 지도력 있는 몇몇 사람들, 곧 비텐베르크의 루터, 제네바의 츠빙글리와 같은 사람들의 독무대이다시피 했다. 그런데 루터의 뒤를 이은 후계자들의 재능은 백중지세였다. 그들에게는 루터가 가졌던 지도력이나 선지자적 통찰력이 없었다. 한편 곧 드러난 사실이지만 루터나 츠빙글리가 어떤 조직적인 교리 체계를 발전시켜 놓은 것도 아니어서 그들이 남겨 준 교회 개혁의 업적을 더욱 공고히 할 기반이 필요했다. 따라서 종교개혁의 제2세대는 종교개혁의 원리들을 효율적이고 효과적으로 전달하기 위해 그 누구보다 사상의 체계를 잡아 줄 인물이 필요했다. 이제 이 개혁 운동이 살아남기 위해서는 종교개혁의 지평에 새로운 별이 떠올라 주지 않으면 안 되었다.

그 별은 장 칼뱅John Calvin이라는 인물의 모습으로 떠올랐으니, 그는 사상을 혁명으로 바꾸는 데 명수였던 현대의 블라디미르 레닌Vladimir Lenin에 곧잘 비유되기도 하는 천재적 조직가요, 교사요, 의사소통의 비결을 통달한 재사才士였다. 그가 세상을 뜰 무렵 당대의 어떤 교회 개혁가도 칼뱅이라는 그림자 속에 감춰질 만큼 대단한 영향력을 갖게 되었고, 확실히 서구 기독교에 풍성한 유산을 남긴 위인의 위치를 차지하고 있었다. 당시 종교개혁 운동은 새로운 추진력을 얻어 새삼 생동감이 감돌기 시작했다. 이렇듯 전기를 마련한 운동은 국경과 문화적 장벽을 뛰어넘어 유럽과 북미에서 오늘에 이르기까지 기독교 상황도를 형성하는 데 큰 몫을 차지하게 된다. 칼뱅은 행동파라기보다는 사상가라 할 수 있는데, 그의 사상은 오늘날에 이르기까지 되짚어 볼 것이 많은 사상의 보고로 남아 있다.

많은 사람들에게 칼뱅을 언급하면 제네바라는 도시 이름을 같이 떠올린다. 제네바가 지금은 스위스 연방국의 일부분이 되었지만 16세기에는 독립된 도시국가였다. 사실 칼뱅은 제네바 출신이 아니라 프랑스 출신이었다. 그는 1509년 7월 10일, 파리에서 동북쪽으로 70마일가량 떨어진 누아용이라는, 대성당이 자리 잡고 있던 도시에서 태어났다. 그의 아버지는 현지 교구의 행정관으로서 재정을 관장하는 교회 관리였기 때문에 주교의 후원을 받아 아들의 장래 교육비를 부담할 수 있는 위치에 있었다. 이러한 가운데 1523년경으로 기억되는 1520년대의 어느 날 청년 칼뱅은 파리 대학교에 진학한다. 마튀랭 꼬르디에Mathurin Cordier 문하에서 라틴어 문법의 확실한 기초를 다진 칼뱅은 몽테규 대학에 들어갔다. 그곳에서 엄격한 문학 교육을 받은 칼뱅은 이제 민법을 공부하기 위해 1528년경 오를레앙으로 이주했다. 처음에는 아들에게 신학을 공부시키려고 했지만 칼뱅의 아버지는 중도에 생각을 바꾼 것 같다. 나중에 칼뱅이 남긴 글을 보면, 일반적으로 법학을 해야 돈을 잘 번다는 사실을 아버지께서 뒤늦게야 깨달으신 것 같다는 말이 나온다. 아니 어쩌면 누아용에서 재정상의 문제로 다툰 후 현지 주교가 재정 후원 약속을 파기했기 때문에 아버지의 생각이 바뀌었을지도 모를 일이다.

어쨌든 이때 칼뱅이 민법을 깊이 공부한 덕분에 그가 나중에 교회 개혁을 할 때 법학을 통해 닦은 방법론과 사상을 활용할 수 있었다는 것이 많은 사람의 의견이다. 그런데 그가 희랍어를 배운 것은 오를레앙에서였다. 1529년 어느 날 칼뱅은 부르주로 옮겨 가게 되었는데, 당시 법학가로 소문난 이탈리아인 안드레아 알키아티 Andrea Alciati를 찾아간 것이었다. 칼뱅 연구가들은 칼뱅이 보여 주는 표현상의 명료성이 알키아티의 영향이라고 입을 모은다.

법학 공부를 마치고 칼뱅은 곧 누아용으로 되돌아와야 했다. 아버지가 병으로 1531년 5월 세상을 떠났던 것이다. 칼뱅의 아버지는 말년에 현지 대성당 관할 교구로부터 파문당한 상태였다. 결국 가족에 대한 의무에서 벗어나게 된(어머니는 그가 어렸을 때 이미 세상을 떠났다) 칼뱅은 더 공부할 목적으로 파리로 되돌아갔는데, 당시 파리에서 뜨거운 호응을 받고 있던 개혁 사상에 점차 동조하게 되었다. 한편 파리 대학 당국과 시 당국은 루터의 개혁 사상에 대해 심한 반발을 보이고 있었다. 그러던 중 1533년 11월 2일, 칼뱅은 돌연 파리에서 도망쳐 나와야 했다. 당시 파리 대학교의 총장 니콜라스 콥 Nicholas Cop이 연설에서 공개적으로 루터의 이신칭의 교리를 지지하자 파리 의회에서는 즉각 콥 총장에 대해 조치를 취했다. 그런데 콥 총장의 연설문 사본이 칼뱅의 친필로 쓰인 까닭에 사람들은 그가 연설문을 대리 작성해 주었다고 생각했다. 칼뱅은 신변의 위협을 느낀 나머지 파리로부터 도망쳐 나왔다.

1534년경 칼뱅은 이미 종교개혁의 원리들을 열렬히 지지하는 신봉자가 되어 있었다. 이듬해 그는 프랑스의 위협을 피해 스위스의 바젤이라는 도시로 옮겨가 정착했다. 강요된 여가를 선용할 구실을 찾던 그는 책 한 권을 출판했는데, 그 책이 바로 종교개혁에 결정적 영향을 미친 『기독교 강요』Institutes of the Christian Religion, CH북스다. 1536년에 초판이 나온 이 책은 기독교 신앙의 주요 원리들을 조직적이고 명료하게 해설한 강해서다. 이 책으로 칼뱅은 많은 사람들의 주목을 받게 되었고 남은 생애 동안 계속해 이 작품을 수정·보완해 나갔다. 그 결과 초판은 여섯 장에 불과했으나 1559년에 나온 마지막 판은 무려 80장에 이르게 되었다. 칼뱅은 본래 라틴어로 쓴 이 책을 1560년에 모국어인 프랑스어로 번역했다. 그 후 이 책은 종교개혁을 통해 나온 위대한 저작들 가운데 가장 뛰어난 작품 중 하나로 인정받게 되었다.

1536년 초 누아용에서 있었던 일들을 정리한 다음 칼뱅은 대도시인 스트라스부르로 가서 연구에 몰두하며 정착할 결심을 한다. 그러나 불행히도 누아용에서 스트라스부르로 직통하던 길이 당시 프랑스의 프랑수아 1세와 독일 황제 카를 5세와의 전쟁으로 통행이 차단되어 칼뱅은 하는 수 없이 먼 길로 돌아갈 수밖에 없었다. 그때 최근 사부아 영토였다가 독립한 제네바를 거치게 된 것이다. 당시 제네바는 현지 교회의 주교를 내쫓고 프랑스인 기욤 파렐Guillaume Farel, 피에르 비레Pierre Viret 등의 지도하에 논란이 많던 교회개혁에 막 착수하려던 때였다. 한마디로 혼란 상태였다. 그러던 중 칼뱅이 마침 그 도시에 당도해 머문다는 소식이 전해지자 개혁의 주도 세력은 그에게 제네바에 머물며 그곳의 교회 개혁을 도와 달라고 요청했다. 그들에게는 교회 개혁을 신학적으로 뒷받침할 능력 있는 교사가 필요했다. 칼뱅은 이러한 제의를 마지못해 수락했다.

제네바 교회에 교리적 기초를 제공하고 징계 제도를 도입한 칼뱅은 강력한 저항에 직면하게 되었다. 현지 주교를 몰아낸 지 얼마 되지 않은 제네바 시민들은 분명 다시 종교적 규제에 묶이고 싶지 않았을 것이다. 제네바 교회의 교리와 징계 제도를 개혁하려던 여러 차례에 걸친 시도는 번번이 조직적인 반대파의 치열한 저항에 부딪혔다. 잦은 싸움 끝에 1538년 부활절을 맞아 악화되던 사태는 그 종지부를 찍었다. 칼뱅은 결국 그 도시에서 쫓겨나 스트라스부르로 피신했다.

본래의 여행 일정보다 2년이나 늦게 스트라스부르에 도착한 칼뱅은 지난 2년의 공백을 메워 나가기 시작했다. 그는 일련의 신학적 저술들을 연이어 내놓았다. 『기독교 강요』의 수정·증보판[1539]과 불어판[1541]을 내놓은 뒤, 그는 유명한 『사돌레토에 대한 답변』Reply to Sadoleto (사돌레토는 제네바 시민들에게 보내는 글을 써서 그들이 다시 로마 가톨릭교회로 돌아오도록 회유한 일이 있다)에서 종교개혁의 원리들을 탁월한 논리로 변호해 출판했다. 성경 주석 학자로서의 기량은 그의 『존 칼빈 성경 주석: 로마서』Commentary on the Epistle to the Romans, 성서교재간행회에 잘 나타나 있다. 또 그는 그 도시에서 불어를 사용하는 사람들을 위한 교회의 목사로 활동하며 개혁 교회의 목회자들이 겪는 실질적 문제들을 직접 경험했다. 한편 그 도시에 살고 있던 교회 개혁자 마르틴 부서Martin Bucer와 교제함으로써 칼뱅은 특별히 도시와 교회의 관계에 대한 사상을 발전시킬 수 있었다.

1541년 9월, 칼뱅은 다시 제네바로 돌아와 달라는 부탁을 받는다. 그가 제네바를 떠난 후 그곳의 교회와 정치가 황폐화되었던 것이다. 시 당국은 질서를 바로잡고 안정을 되찾으려면 칼뱅이 돌아와야 한다고 판단하고 그에게 돌아와 달라고 간곡하게 부탁했다. 다시 제네바로 돌아온 칼뱅은 3년 전 그곳에서 쫓겨날 때보다 훨씬 지혜롭고 더욱 폭넓은 견문을 갖춘 청년으로 변신해 있었기 때문에 그를 기다리고 있던 대규모의 작업에 더없는 적임자였다. 그 후 10년이 넘는 세월 동안 칼뱅은 여전히 시 당국과 밀고 당기는 싸움에 자주 말려들었지만 이제는 권력을 쥔 입장에서 하는 싸움이었다. 결국 그가 주도한 개혁 프로그램을 반대하는 세력은 점점 사라져 갔다. 죽기 전 그의 생애 마지막 10년간, 제네바시의 교회 문제에 관한 한 그를 가로막는 자는 아무도 없었다. 그 무렵 제네바는 이미 칼뱅의 이름 아래 전개되고 있던 국제적 기독교 운동의 중심부가 되어 있었다. '칼뱅주의'는 여전히 인류의 지성 운동사에서 가장 유력하고도 의미 있는 운동 중 하나로 꼽힌다.

    칼뱅의 종교 사상으로 관심을 돌려 보면 우리는 그 풍부함에 놀라지 않을 수 없다. 칼뱅의 저술들, 특히 1559년에 나온 『기독교 강요』는 대단한 지적 깊이와 독창성을 겸비했을 뿐 아니라 뛰어난 전달 능력을 함께 보여 준 탁월한 내용과 선명한 필치의 역작이다. 칼뱅의 사상은 어떤 면으로 연구해도 헛되지 않을 것이다. 그런데 이 장에서 우리가 특별히 선택한 주제는 많은 그리스도인에게 중요한 의미를 던져 주는 것이다. 우리가 어떻게 하나님을 알 수 있을까? 어떻게 인간의 언어로 하나님을 제대로 설명할 수 있을까?

하나님의 풍성함과 깊이를 어떻게 인간의 말로 다 표현할 수 있을까? 하나님과 인간 사이의 간격을 어떻게 뛰어넘을 수 있을까?

칼뱅은 '우리가 어떻게 하나님에 관하여 알 수 있을까?'라는 질문으로 시작한다. 자신의 논리 전개를 위한 하나의 방법으로 그는 키케로가 쓴 『신의 본질에 관하여』*On the nature of the gods*라는 고전 논문을 끌어들여 키케로와 대화하는 형식으로 말문을 연다. 키케로는 인간이 그들보다 뛰어난 존재인 신들이 존재함을 자연을 통해 알 수 있다고 말한다. 즉 인간은 자연을 바라보며 성찰할 때 신들이 존재한다는 믿음에 이를 수 있다는 것이다. 칼뱅은 키케로의 그러한 주장을 바울이 주장한 하나님에 대한 자연 지식[롬 1:19-20]과 관련지어 발전시킨다. "인간에게는 신을 의식할 수 있는 본능이 있다.…무지를 핑계 삼아 하나님을 믿지 않으려는 사람들이 나타나지 않도록 하나님은 모든 인간 속에 신적 위엄을 어느 정도 감지할 수 있는 마음을 심어 놓으셨다." 누구든지 자연을 바라보고 명상에 젖다 보면 하나님의 임재를 감지하게 된다는 말이다.

별이 초롱초롱 빛나는 밤길을 걸으며 칠흑 같은 밤하늘에 걸려 반짝이는 별빛에 매료되어 본 기억이 있다면 칼뱅이 무슨 이야기를 하는지 이해할 수 있을 것이다. 때때로 우리는 창조주 하나님의 임재, 권능, 위엄 같은 것이 그가 지으신 천지 만물의 화폭 위에 수놓아진 것 같다고 생각한다. 그것은 하나님이 위대한 화가인 양 창조 세계 위에 세상 모든 사람이 볼 수 있도록 이름을 새겨 놓은 것과 같다. 그런데 우리는 신에 대해 어느 정도까지 알 수 있을까?

칼뱅은 인간이 이성을 통해 하나님의 존재를(하나님의 본성까지도)

알 수 있다고 주장한다. 그러나 그러한 신 지식에 대하여 두 가지 근본적인 비판을 덧붙인다. 첫째, 그것은 **단편적** 지식이다. 둘째, 그것은 **일관성이 결여된** 지식이다. 이성을 통해 획득한 신 지식으로 하나님께 나아갈 수 있다 하더라도 그것은 극히 제안된 접근 경로만을 허락할 뿐이다. 칼뱅은 우리 인간의 사유 능력이 인간의 한계성으로 인해 분명 제한되어 있음에도 불구하고 그것이 얼마나 제한되어 있는가를 깨닫지 못하는 위험이 항상 도사리고 있다고 주장한다. 더욱이 신 지식의 출처인 자연 만물이 어떤 면에서는 하나님의 존재를 가르쳐 주는 것 같지만, 다른 면을 보면 하나님이 계시지 않는 것으로 보이게 하는 등 모호한 성격을 가지고 있다. 이러한 사실들을 종합해 볼 때 순수하게 인간의 이성을 통해서만 얻을 수 있는 신 지식은 일관성이 없기 때문에 신뢰할 만한 것이 아니라고 말할 수 있다. 즉 인간의 이성에만 기초를 두고 하나님에 대해 논의할 때 우리는 하나님이 어떤 분이신가에 대해 서로 일치점을 찾을 수 없을 것이다.

자연을 바라보며 성찰할 때 이성을 통하여 하나님은 창조주시다 혹은 하나님은 지혜로우시며 영원하시다 정도의 말을 할 수 있을지 모른다. 그러나 우리에게는 이보다 훨씬 자세한 지식이 필요하다. 우리는 어떻게 그분을 만날 수 있을까, 어떻게 해야 그분의 계획에 맞게 살 수 있을까, 하나님에 대한 자세한 지식은 어디에서 발견할 수 있을까 등에 대한 답을 알아야 한다.

칼뱅은 그러한 지식을 성경 안에서 발견할 수 있다고 주장한다. 성경은 인간이 자연을 통해 얻을 수 있는 신 지식의 **한계를 설정**

하고 동시에 그 한계를 **초월할** 수 있게 한다. 성경은 인간의 본성으로 '이 세상을 지으신 창조주가 계신다'라든가, '그 창조주는 지혜로우시며 영원하시다' 등의 기본 지식을 가질 수 있다고 인정한다. 즉 성경의 증거는 우리가 본성으로 깨달은 사실들과 일치한다. 그러나 성경은 그 정도에서 그치지 않는다. 성경은 우리가 죄인이라는 사실과 하나님이 우리를 구원하시기 위해 예수님을 통하여 무슨 일을 하셨는가를 이야기한다. 또 우리가 구원받기 위해서는 어떻게 해야 하는지를 설명하고, 그리스도인으로서 산다는 것은 어떤 의미인지를 설명한다.

칼뱅은 신에 대한 자연적 지식을 인정함으로써 그의 계시 이론의 기초를 세웠다. 하나님은 성경을 통해 그리고 예수 그리스도를 통해 자신을 계시하심으로 자연과 이성으로 얻을 수 있는 직관적 지식의 한계를 설정하는 동시에 그 한계를 극복케 하셨다. 자연과 이성은 계시를 위한 접촉점과 같다. 어떤 종교나 철학도 자연이나 이성에만 기초를 둘 때에는 불확실하고 단편적이 되기 때문에 부적합한 것이 되고 만다. 그러나 하나님은 자연적 직관을 접촉점으로 하여 출발하신다. 그런데 자연적 직관이라는 것이 자연 질서나 인간 자신으로부터 온 것 같지만 사실은 그 자연 질서나 인간도 궁극적으로는 하나님이 창조하신 것이 아닌가? 바로 이러한 의미에서 하나님은 피조물 속에 임재의 흔적을 도장 찍듯 남겨 놓았고, 사람들을 자신의 형상대로 지으셨기 때문에^{창 1:26-27} 자연 안에서 하나님의 존재를 감지할 수 있다고 하는 것이 불합리하지만은 않다고 말할 수 있다.

칼뱅은, 기독교에서는 하나님에 대한 자연적 직관을 허무맹랑한 허구라고 일축하지 않지만 그것의 부적합성을 주장한다고 말했다. 그것은 목적지에 이르기까지 인도해 주지는 못하지만 일부분만을 인도해 주는 길과 같다. 올바른 방향을 가르쳐 주기는 해도 우리를 그 목적지까지 데려다주지는 못한다. 그것은 보완되어야 한다. 그런데 하나님이 섭리와 긍휼 가운데 성경이라는 보완책을 제공하셨다. 성경은 인간이 본성으로 하나님이 계심을 깨달을 수 있다는 사실을 인정하지만, 거기서 그치지 않고 그 하나님이 어떤 분이신지, 그분의 성품과 속성, 인간에 대한 하나님의 계획과 의도 등에 대해 말한다. 그래서 칼뱅은, "우리의 모든 지혜, 다시 말해 진정한 지혜는 두 부분으로 구성되어 있다. 하나님에 대한 지식과 우리 자신에 대한 지식이 그것이다"라고 썼다. 성경은 이 두 가지 지식에 대하여, 그리고 두 가지가 어떻게 연관되어 있는가를 말하고 있다. 우리는 '먼저 하나님의 얼굴을 바라본 다음에야' 비로소 우리 자신, 곧 우리의 본성과 운명을 이해할 수 있다. 우리는 성경을 통해 예수 그리스도의 인격 안에 계시된 하나님의 얼굴을 바라볼 수 있다.

하나님의 계시의 합리성과 필요성을 논한 다음 칼뱅은 이 계시의 특정 형태에 대해 설명한다. 하나님은 성경을 통해 자신을 계시하셨다. 즉 말의 형태로 자신을 계시하셨다. 하지만 인간의 말로 어떻게 하나님의 위엄을 온전히 표현할 수 있을까? 어떻게 인간의 말이 하나님과 악한 인류 사이의 엄청난 간격을 극복할 수 있을까? 이러한 질문에 대한 칼뱅의 대답은 기독교 사상사에 남긴 그의 공헌 가운데 가장 값진 것이라고 사람들은 말한다. 이러한 질문들과 관련해 그가 전개한 사상은 일반적으로 '조절의 원리'the principle of accommodation라고 부른다. 여기서 조절이라는 말은 '상황의 필요를 충족시키기 위해 그 상황에 맞춘다 혹은 적절하게 조정한다'는 뜻으로 쓰인 것이다.

칼뱅에 따르면 하나님은 자신을 계시하실 때 인간이 이성과 심성으로 수용할 수 있는 수준에 맞추신다는 것이다. 추상화를 그리는 일에 비유해 본다면, 하나님이 자화상을 그리실 때 우리가 이해할 수 있는 모양으로 그리신다는 것이다. 칼뱅의 사상을 설명해 주는 다른 비유가 있다면 그것은 웅변가의 비유다. 훌륭한 연설가는 청중의 수준과 한계를 알기 때문에 그 수준에 맞는 연설 방식을 취한다. 의사 전달이 제대로 이루어지기 위해서는 화자와 청자 사이에 있을 수 있는 간격을 제거해 주지 않으면 안 된다. 청중의 수준에 따라 연설자가 쓸 수 있는 어휘와 수사학적 기교가 다르다. 예수님이 쓰신 비유들을 보면 이러한 점이 완벽하게 드러나 있다. 예수님이 쓰신 비유들은 당시 팔레스타인의 농촌과 변두리 지역에 모인 청중에게 꼭 들어맞는(예를 들어 양과 목자의 비유) 언어와 예화들이었다. 바울도 청중의 상황에 맞는 개념들, 그의 독자들 대부분이 살았던 여러 도시에서 흔히 쓰이던 상업 용어나 법률 용어를 사용했다.

고대 사회의 웅변가들은 높은 수준의 교육을 받고 언어 능력이 뛰어난 이들이었던 데 비해 그들의 연설을 듣는 청중은 일반적으로 무지하여 언어를 기교 있게 사용할 줄 모르는 사람들이었다. 결국 연설자는 그들과 의사소통하기 위해 그들 수준으로 내려가지 않으면 안 되었다. 청중이 연설자가 쓰는 언어, 수사법, 개념 등을 이해하는 데 어려움이 있기 때문에 연설자 편에서 자신과 청중의 간격을 좁히지 않으면 안 되었던 것이다. 이와 마찬가지로 하나님도 우리에게 자신을 계시하시기 위해 우리의 수준으로 자신을 낮추셨다고 칼뱅은 주장한다. 하나님이 우리의 능력에 맞추기 위해 스스로 몇 단계 낮아지신 것이다. 마치 어머니가 어린 아기를 안기 위해 몸을 구부려 숙이듯이 하나님은 우리의 수준으로 오시기 위해 허리를 굽힌다. 계시는 하나님의 겸손을 뜻하는 행위로서, 그것으로 말미암아 하나님은 자신과 악한 인류의 간격을, 자신의 신적 능력과 인간의 훨씬 연약한 능력의 간격을 메우신다. 보통 훌륭한 연사들이 그러하듯 하나님은 청중이 어떤 사람들인지 아시기 때문에 그들의 수준에 맞게 언어를 조정하신다.

이와 동일한 사상을 우리는 칼뱅 이전의 초대교회 사상가들에게서도 찾아볼 수 있다. 예를 들어 오리게네스[Origen](3세기 알렉산드리아 출신으로 수사법에 능통했던 기독교 사상가)도 하나님이 악한 인류에게 말씀하실 때 인간의 아비들이 어린 자녀에게 의사를 전달할 때 겪는 문제와 동일한 문제에 부딪혔을 것이라고 말한다. "하나님은 초등학교 선생님이 어린이들에게 '어린이들의 언어'로 말하듯이 혹은 아버지가 그 자녀들을 돌볼 때 아이들의 방식을 따르듯이, 자신을 낮추시고 겸허하게 하심으로 우리의 연약한 모습의 자리로 자신을 조절하여 낮추셨다." 어린아이들에게 말할 때는 그 아이들이 아직 제한된 지적 능력과 기능만을 가지고 있다는 사실을 기억하지 않으면 안 된다. 그들을 성인처럼 취급해서 그들이 알아들을 수 없는 말이나 그들이 경험한 적 없는 개념을 사용하면 바람직한 의사소통은 이루어질 수 없을 것이다. 그런 상황에서는 듣는 이의 능력에 맞추어 말해야 한다. 이러한 주장을 오리게네스는 그의 『예레미야 강해』*Homilies on Jeremiah*에서 설명했는데, 그 내용을 풀어 번역해 보면 다음과 같다.

> 하나님이 인간사에 관여하실 때 그분은 인간의 언어 구사 방식이나 사고방식에 맞추신다. 만약 우리가 두 살배기 어린아이와 이야기하려 한다면 우리는 상대방이 어린아이인 까닭에 어린아이처럼 말한다. 우리가 그 아이에게 어른들에게나 알맞은 투로 말하고 그 아이의 형편에 우리를 맞추지 않는다면 그 아이는 우리가 무슨 말을 하는지 통 알아들을 수 없을 것이다. 자, 그러면 바로 그 어린아이와 같은 인류와 상대하시게 된 하나님에게 닥친 유사한 상황을 상상해 보자. 인간들도 경우에 따라서는 어른에게 쓸 수 있는 말을 피하고 아이들이 알아들을 수 있는 말로 하지 않던가? 이런 상황에 처한 어른들을 가리켜 그들이 아이처럼 말하는 것을 그들의 지적 미성숙 때문이라고 말할 수는 없다. 어린아이들을 대할 때는 다만 상대방의 언어 수용 능력을 고려해 성숙한 어른들의 언어가 아니라 어린이들의 언어로 말하는 것이다.

이렇게 듣는 사람의 수용 능력을 고려해 말하는 사람이 낮아져야 하는 원리를 보여 주는 예는 성경이 하나님을 묘사하는 부분에서 쉽게 찾을 수 있다. 칼뱅은 지적하기를 하나님은 때로 입, 눈,

손, 발이 있는 사람처럼 그려져 있다고 했다. 그러한 묘사를 곧이곧대로 받아들여 하나님은 인간의 형상을 하고 계시다고 주장할 수 있을지도 모른다. 그렇다면 영원하실 뿐 아니라 영靈으로 존재하시는 하나님이 우리와 다를 것이 없는 한낱 사람의 모습으로 축소될 수 있단 말인가? (여기서 우리가 문제 삼는 것을 '신인 동형설'이라고 하는데, 하나님이 인간의 형상으로 표현되는 것을 가리킨다.) 칼뱅은 하나님이 이렇게 회화적인 모습으로 계시될 수밖에 없었던 이유는 우리의 빈약한 지성 때문이라고 주장한다. 우리가 하나님을 이해할 수 있는 능력이 철저히 제한되어 있기 때문에 하나님이 자신에 대해 말씀하실 때도 우리의 능력에 맞추지 않으면 안 되었던 것이다. 하나님에게 입이나 손이 있는 것처럼 표현된 것은 바로 하나님이 우리 수준으로 내려오셔서 우리가 이해할 수 있는 말과 비유를 사용한 신적 유아어baby-talk라고 할 수 있다. 하나님에 대해 더 수준 높은 방식으로 말할 수도 있겠지만 그렇게 되면 우리는 그 어려운 말들을 영영 알아듣지 못할 것이다.

칼뱅은 하나님이 자신을 계시하실 때 인간의 능력과 수준에 맞추었다는 신적 조절 개념을 전개하면서 세 가지 비유를 사용한다. 하나님은 우리의 **아버지**로서 자녀인 우리와 의사소통하시기 위해 자녀들이 쓰는 언어를 기꺼이 쓰는 분이시다. 즉 하나님은 인간의 연약함과 경험 부족의 상태를 아시고 그 형편에 자신을 맞추신다. 또 하나님은 우리에게 자신이 어떤 존재인가를 가르치려면 우리의 수준으로 내려와야 한다는 것을 잘 아는 **선생님**이시다. 그러므로 우리를 가르치실 때 확연히 드러나는, 우리의 무지몽매한 상황에 자신을 맞추신다. 그분은 또 우리가 스스로 우리의 죄악성, 반역적 기질, 불순종 등의 문제를 시인하도록 납득시킬 줄 아는 **재판관**이시다. 인간 사회의 법정에서도 최종 판결이 내려지듯이 하나님은 우리가 무슨 죄를 가지고 있는지 납득시킬 줄 아시며, 그것이 정말 죄라고 선고하실 수 있는 분이다. 그러나 재판관이신 하나님은 우리가 하나님께 도저히 나아갈 수 없는 죄인이라는 사실을 인정할 때 **우리가** 받아야 할 판결을 **대신** 받는 분이시다. 칼뱅은 이와 같이 진정한 지혜란 하나님을 아는 지식뿐 아니라 우리 스스로를 아는 지식 가운데 발견된다고 주장했다. 즉 우리가 정말 죄인이라는 사실을 깨달을 때 비로소 우리는 하나님이 우리의 구속자이심을 알게 되는 것이다.

성육신 교리는 하나님이 우리를 만나시기 위해 우리의 수준으로 내려오신 것을 말한다. 하나님이 한 인간으로 우리 가운데 오신 것이다. 칼뱅은 이 성육신 교리를 계시의 언어와 비유에 연장하여 적용했다. 즉 하나님은 우리가 이해할 수 있는 언어와 형상으로 자신을 계시하셨다. 하나님은 어머니가 어린 아기를 안기 위해 몸을 수그리듯이 기꺼이 자신의 몸을 수그려 우리가 이해할 수 있는 언어로 말씀하셨다. 하나님의 관심과 목적은 창조주이신 자신과 그의 피조물인 인류 사이에 걷잡을 수 없이 벌어져 버린 사이에 다리를 놓아 자신의 뜻을 전달하시는 것이다. 칼뱅은 이처럼 하나님이 우리의 능력에 맞게 자신을 수그리고 한두 단계 낮추어 우리에게 맞출 수 있는 능력과 의지를 갖고 계신 것을 볼 때 하나님의 부드러운 긍휼과 돌보심을 확신하게 된다고 말했다.

더 읽어 볼 자료

○ 칼뱅의 생애에 관하여 쓴 글 가운데 탁월하면서도 읽기 좋게 쓰인 것으로는 파커 T. H. L. Parker의 『장 칼뱅의 생애와 업적』 *John Calvin*, 생명의말씀사이 있다.

○ 전기로서만이 아니라 칼뱅의 주요 사상에 대한 해설을 곁들인 책을 찾는다면, 프랑수아 웬델 François Wendel의 『칼뱅의 신학 서론』 *Calvin*, 기독교문화사을 읽으라.

○ 칼뱅의 청년 시절 특히 그가 회심한 시기와 그 특징에 대해 상세한 해설이 덧붙여진 연구서로는 알렉상드르 가노치 Alexandre Ganoczy의 『청년 칼뱅』 *The Young Calvin*이 있다.

○ 이 책에서 다룬 기초적인 주제들을 더 깊이 연구해 보고 싶은 이들을 위해 두 개의 소논문을 소개한다. 배틀스 F. L. Battles의 "God was Accommodating Himself to Human Capacity"와 그리스리스 E. Grislis의 "Calvin's Use of Cicero in the Institutes"다. 이 두 소논문이 발표된 간행물을 찾아보려면 좋은 신학 도서관을 찾아가야 하겠지만 한 번 꼭 읽어 볼 만한 것들이다.

○ 유럽과 북미에 끼친 칼뱅의 영향에 대해 조사해 보려면, 멘나 프레스트비치 Menna Prestwich가 편집한 『국제 칼뱅주의』 *International Calvinism*라는 논문집을 보라.

○ 무엇보다 칼뱅 자신이 쓴 『기독교 강요』 *Institutes of the Christian Religion*, CH북스를 파고드는 것은 정말 가치 있는 일이다. 영문판은 1559년도 결정판을 배틀스가 잘 영역해 놓았다.

9장

조나단 에드워즈
현대 문화의 도전

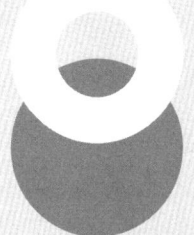

> 신령한 눈을 뜬 사람은
> 이성적으로만 믿는 것이 아니라
> 그 마음속에서 하나님의 영화로우심을
> 직접 체험하게 된다.
>
> _ 조나단 에드워즈 Jonathan Edwards(1703-1758)

종교개혁을 기점으로 기독교 신학은 그 전기를 맞았다. 루터, 츠빙글리, 칼뱅 등을 비롯한 종교개혁 시대의 수많은 군소 영웅들은 유럽 교회의 판도를 뒤바꾸었을 뿐 아니라 훗날 북아메리카에까지 그 영향력이 확대된 개혁 운동의 초석을 다져 놓았다. 종교개혁 운동에 대한 통찰력은 주로 영국의 청교도들을 통해 그리고 미국에 건너간 영국의 식민들을 통해 발전되어 나갔다. '청교도' 하면 언뜻 세속적 쾌락을 금기시하고, 엄히 꾸짖으며 고래고래 고함치듯 설교하는 설교자의 모습이 연상된다. 청교도에 대한 그러한 인상은 그 운동을 반대하던 사람들이 비꼬는 식으로 그려 낸 것이었다. 사실 청교도주의는 그런 것이 아니었다. 그것은 영적 갱신과 성장에 열정적 관심을 쏟은 운동으로서, 소속 사회의 영적인 복지뿐만 아니라 물질적 복지에 이르기까지 진정한 목회적 관심을 보임으로써 기독교의 복음 진리를 시대적 요청에 걸맞게 선포하고 변호하려는 열망이 타오르던 운동이었다. 16세기 말부터 시작해 17세기를 망라하여 청교도주의는 영어권 내 기독교 운동의 주요 세력이었다.

청교도주의가 16세기 영국에서 발생한 운동이기는 하지만 그 주된 영향력은 17세기에 영국 식민지였던 북아메리카에서 확연히 드러나, 북아메리카는 17세기에 수많은 칼뱅주의자들의 본거지가 되었다. 한편 17세기의 영국은 종교적 관용이 극히 인색한 사회였는데, 특히 찰스 1세가 재임하는 동안 더욱 심했다. 그래서 1620년 오늘날 미국인의 조상이 된 청교도들은 플리머스호를 타고 새로운 땅을 찾아 항해 길에 올랐던 것이다. 그 후 1627년에서 1640년 사이에 4천여 명의 영국인들이 대서양 횡단 모험에 나서 매사추세츠만을 둘러싸고 있는 어느 해안에 정착했다. 그들에게 미국은 약속의 땅이었고 그들 자신은 선택된 백성이었다. 바로와 같이 잔인한 영국 군주에게서 출애굽하듯 추방당한 그들은 이제 젖과 꿀이 흐르는 땅에 정착하게 된 것이다. 낯선 땅이었지만 그들은 산 위에 선 도성과 같은 새 예루살렘을 그곳에 건설하고 싶었다. 그들의 본향을 등지고 살게 되기는 했지만 그들은 이제 하나님을 더욱 가까이할 수 있었다.

그러나 1720년대가 끝나 갈 무렵 뉴잉글랜드의 청교도주의가 점점 그 빛을 잃어 간다는 소리가 크게 들려 왔다. 개척기의 열정이 다 식어 버린 듯했다. 청교도 운동이 사라질 날도 얼마 남지 않은 것 같았다. 물질적 번영은 곧 신앙에 대한 무관심을 몰고 왔고 결국 신앙이 도덕적 차원으로 환원되기에 이르렀다. 새로운 세계에서 시작된 기독교의 장래에 대해 회의적으로 보는 사람들이 많아졌다. 당시 기독교의 저술들을 보면 냉랭함과 낙심의 흔적이 엿보인다. 나이 든 그리스도인들은 자기들의 그 좋던 지난날을 그리워하며 짙은 향수에 잠길 수밖에 없었다. 이런 기독교의 장래는 과연 어떤 모습일까?

그 첫 조짐은 1727년에 나타났다. 뉴저지의 라리탄밸리에 있는 교회에서 봉사하던 네덜란드 출신 목사 시어도어 프렐링후이센^{Theodore Freylinghausen}은 기독교 부흥의 조짐들을 감지하기 시작했다. 때마침 불어오는 바람을 타고 더욱 번져 나가는 산불처럼 그 부흥 운동은 길버트 테넌트^{Gilbert Tennent}와 같은 이들의 힘을 입어 널리 퍼져 갔다. 뉴저지에서 시작된 이 운동은 펜실베이니아와 버지니아로 번졌다. 그러나 초기에 꺼질 듯한 불씨처럼 시작된 이 부흥 운동이 화염을 이루며 폭발적으로 발전함으로써 역사가 그것을 '대각성 운동'^{The Great Awakening}이라 부르게 된 것은 1734년의 일이었다. 이때 매사추세츠주의 노샘프턴에서 별난 일들이 꼬리에 꼬리를 물고 일어났는데, 그것은 오늘날 미국의 가장 위대하고도 영향력이 큰 신학자로 널리 알려진 조나단 에드워즈^{Jonathan Edwards}란 사람의 설교로 말미암아 생긴 일들이었다.

에드워즈는 1703년 10월 5일, 코네티컷주 이스트윈저에서 태어났다. 에드워즈의 아버지도 그곳의 목사였는데 그 목회 활동을 통해 1720년대에 여러 차례의 부흥 운동이 일어나기도 했다. 에드워즈는 1716년 9월 뉴헤이븐에 있는 오늘날의 예일 대학교 전신인 예일 칼리지에 들어갔다. 졸업 후 그는 그 학교에서 1724년부터 1726년까지 강사로 일했다. 열일곱 살쯤 되었을 때 에드워즈는 회심의 경험을 했다. 그는 디모데전서 1:7을 읽으며 하나님의 위대하심과 그분의 영광에 완전히 압도되었다. 그는 훗날 당시를 회고하며 이렇게 썼다. "그 말씀을 읽었을 때 무엇인가가 내 영혼을 파고들어옴을 느낄 수 있었다. 그것은 그 말씀에 용해되어 있는 신적 존재의 찬란한 임재를 볼 때 느낄 수 있는, 그런 느낌이었다. 그것은 전에 내가 경험한 어떤 것과도 다른 새로운 느낌이었다."

1726년, 에드워즈는 예일 대학 강사를 그만두고 외할아버지인 솔로몬 스토다드Solomon Stoddard의 목회 현장에서 동역하기 위해 노샘프턴으로 갔다. 스토다드는 당시 코네티컷밸리의 영적 지도자로서 그 권위가 널리 알려진 인물이었던 터라 그를 '스토다드 교황'이라고 부를 정도였다. 에드워즈는 1727년 2월 15일, 스물셋의 나이로 목사 안수를 받았다. 같은 해 7월, 그는 꽤 오랫동안 연애를 했던 사라 피에르폰트Sarah Pierrepont와 결혼했다. 1729년 2월에는 그를 이끌어 주던 외할아버지가 세상을 떠나게 되면서 그는 그 지역에서 가장 주요한 교회의 책임을 떠맡게 되었다. 그 두 해 동안 있었던 일들을 회고하며 에드워즈는 그 지역 사람들이 일반적으로 신앙생활에 무관심했다고 쓰고 있다. 노샘프턴 사람들은 영국에서 건너온 사람들이 개척한 북아메리카의 다른 곳과 마찬가지로 신앙 문제에 대해서는 불감증에 걸린 듯 세상 걱정과 사는 일에만 분주한 것 같았다.

그때는 어느 교회를 막론하고 목회자와 회중 모두가 영적 박진감을 잃고 있었다. 17세기 초만 하더라도 뉴잉글랜드에 있는 교회의 정식 교인으로 인정받으려면 개인적으로 회심한 경험을 간증할 수 있어야 했다. 그러나 시간이 흐름에 따라 회심 경험을 나눌 수 있는 사람을 찾아보기가 점점 어려워졌다. 그럼에도 불구하고 대부분의 사람들은 교회와 한두 가지 연관을 맺고자 했다. 예를 들어 본인들의 신앙 상태와 관계없이 자녀들만은 유아세례를 받게 했고, 장례식도 기독교 방식을 취했다. 그래서 1660년 이후로는 완전히 회심한 사람이 아니더라도 반쯤은 교인이 된 것으로 인정해 주어, 누구든 기독교 진리를 기꺼이 받아들이려 하고 교회의 치리권을 인정하면 그 자녀들이 유아세례를 받을 수 있었다.

이러한 변질의 결과는 뻔한 것이었다. 18세기 초에는 교회에 나가는 대다수 사람들이 '명목상' '반쯤 믿는' 사람들이었다. 그들도 물론 교회에 출석하고 설교를 통해 뭔가 배운다고 생각하는 사람들이었다. 또 자녀들은 꼭 유아세례를 받게 했고, 기독교를 진리라고 인정하며 도덕적으로도 도움이 되는 종교라고 인정하는 사람들이었다. 그러나 깊이 들어가 보면 그들은 여전히 회심하지 않은 불신자였다. 그들에게 기독교 신앙이라든지 교회 신도가 된다는 것은 일상적인 사회생활의 일부분일 뿐이었다. 세례를 받고 교회에 나가는 일은 선한 시민으로 살아가는 한 모습일 뿐이지 그 이상의 의미는 없었다. 그런 사람들로 구성된 교회의 목사들도 회중과 마찬가지로 보통 인격적 신앙이 없는 사람들이었다. 목회자들은 일반적으로 고등교육을 받은 사람들이었지만 복음이 피부에 와 닿는 것을 느끼지 못했다. 이러다 보니 기독교는 점차 도덕적인 것 혹은 사교적인 것으로만 여겨졌다. 당시 북아메리카를 방문한 조지 휫필드George Whitefield라는 영국 설교가는 그때의 상황을 다음과 같이 요약했다. "나는 설교자들이 일반적으로 자기들도 모르는, 자기들도 경험한 적 없는 그리스도에 대해 말하고 있다는 것을 분명히 알 수 있었다. 더욱이 교회들이 그렇게 죽어 있었던 이유는 죽은 사람들이 회중을 상대로 설교를 했기 때문이라고 생각한다."

노샘프턴에서도 예외가 아니었던 이러한 상황은 1734년에서

1735년으로 넘어가는 겨울을 계기로 갑자기 그리고 급격히 변했다. 1734년이 끝나 갈 무렵 여러 사람이 회개하는 일이 일어났다. 그 회심은 "아주 놀랄 만한 것으로서 갑작스럽게 한 사람, 두 사람에게서 연이어 일어났다." 이러한 부흥의 흐름은 그 이듬해에도 계속되어 1735년 3월과 4월 두 달 동안 그 절정에 이르렀다. 그 동네에서 부흥 운동의 영향을 받지 않은 가정이 거의 없을 정도였다. 300여 명이 회심한 것으로 보이는데 남자와 여자의 비율이 거의 반반이었다고 한다. 그 동네의 술집에 인적이 끊길 정도였다. 시간만 있으면 술집에 들러 술을 마셔대던 이들이 교회에 나와 에드워즈의 설교를 듣느라 시간 가는 줄 모르게 되었으니 말이다. 한때 자신들과는 거리가 먼 것으로 낯설게만 여겨졌던 기독교가 이제는 바로 나에게 생명을 주는 진정한 그 무엇이 되어 버린 까닭이다.

사람들은 회심한 후 교회에서 일상적으로 행해지던 것들을 아주 새로운 것처럼 새삼스럽게 대화의 소재로 삼는 경우들이 있었다. 그들은 설교라는 것을 아주 새롭게 바라보았다. 늘 듣던 설교일 텐데 그런 설교를 처음 들어 본 것처럼 말했다. 성경도 이제 그들에게는 전혀 새로운 책이었다. 그들은 예전에도 이런 성경 구절이 있었던가, 또 이런 시편이, 이런 역사적 사건들이 있었던가 하며 성경을 새로운 빛 가운데 바라보게 되었다. 여기서 일흔이 넘는 생애의 대부분을 스토다드 목사의 역동적인 목회의 영향력 아래 살았던 한 할머니의 예를 들어 보자. 신약성경에서 죄인들을 위한 그리스도의 고난에 대해 읽었을 때 그 할머니는 놀란 것 같았다. 그 내용이 너무

현실감 있게 와 닿았고 아름다웠을 뿐 아니라 너무도 새로운 이야기였기 때문이다. 미처 생각을 한 번 정리할 겨를도 없이 그 할머니는 속으로 놀라고 있었다. 그것은 지난 수십 년 동안 전혀 들어 본 적이 없는 새로운 이야기인 것만 같았다. 그러나 곧 그 할머니는 침착하게 기억을 되살려 본 다음 그 내용을 듣기도 하고 혼자 읽어 본 적도 있었지만 그날처럼 마음에 와닿았던 적은 한 번도 없었음을 알게 되었다.

이어지는 이야기들 속에서도 똑같은 주제가 계속 나타난다. 기독교가 진실임을 알았다든가 머리로만 알아 왔던 것을 마음으로 깨닫게 되었다는 식의 이야기들이다.

에드워즈는 당시 노샘프턴에서 일어난 일들을 이야기로 엮어 책으로 내놓았다. 『놀라운 회심 이야기』*A Faithful Narrative of the Surprising Work of God*, 기독교문서선교회라는 제목의 그 책은 당시의 대각성 운동을 여러 나라에 알리는 역할을 했다. 1737-1739년까지 세 해에 걸쳐 이 책은 3판 20쇄를 찍었다. 복음주의 부흥 운동이 북아메리카와 영국에서 폭넓은 지지를 얻음에 따라 이때 노샘프턴에서 일어난 사건들은 대각성 운동의 시작을 알린 전령사로 통하게 되었다.

이 부흥 운동이 계속 전개되던 중 영국의 조지 휫필드가 다녀간 이후 새로운 방향 감각을 갖게 되었다. 한편 에드워즈는 자신이 더 이상 이 부흥 운동의 선두 주자로 달릴 수 없음을 알게 되었다. 노샘프턴 교회에서 교회 치리와 관련된 문제로 분열이 일어나 골치를 앓고 있었던 것이다. 그는 곧 목회 업무량이 비교적 적은 스톡

브리지의 한 교회로 옮겨 가 신학 저술 활동에 많은 시간을 할애했고, 그 결과 뉴잉글랜드 지방에서 발전된 청교도 운동을 지적으로 뒷받침하게 되었다. 이로써 미국의 기독교도 성년식을 치른 셈이다. 학자로서 명성이 확고해진 에드워즈는 1757년 프린스턴의 뉴저지 대학(현재 프린스턴 대학교) 총장으로 초빙을 받아 가게 되었다. 그러나 천연두 백신 접종을 잘못하여 1758년 3월 22일 부임지인 프린스턴에서 세상을 떠났다.

에드워즈가 기독교 신학에 기여한 많은 것들 가운데 이 장에서 토론 주제로 뽑아 본 것은 현대 문화의 발생이 복음 전파에 어떤 영향을 끼쳤는가 하는 것이다. 에드워즈의 신학 사상 가운데 이 측면에 초점을 맞춘 이유는, 현대 서구 문화 속에서 복음을 증거하는 일에 관심을 가진 사람이라면 누구나 이 주제에 크게 관심을 모을 것으로 생각되기 때문이다. 18세기 뉴잉글랜드에서는 오늘날 대부분의 서양인들, 특히 현대 북아메리카인들 사이에서 상식처럼 되어 버린 근대적 사고방식이 움트고 있었다. 1730년대에 벌써 에드워즈는 복음 전파에 심각한 장애물로 등장한 이 문제와 맞서 싸우게 된다(그는 그러한 태도를 집합적으로 '알미니안주의'Alminianism라고 불렀으나 적절한 명칭이었는지는 확실치 않으며 여기서는 이 문제를 자세히 다루지 않겠다). 그러한 태도들은 여러 가지 면에서 펠라기우스주의(2장을 보라)와 비슷하지만 미국 상황과만 관계있는 특정 요소가 덧붙여 있기도 하다. 그 움직임에 대해 '성취적 기독교'라고 이름 붙이는 것도 좋을 것 같다. 세월이 지나 우리가 사는 이 사회의 문화가 점차 성취 및 성공 일변도로 흘러가게 되어 이 문제는 우리 상황과 더욱 관계가 있는 것이 되었다. 이 문제를 예로 들어 설명하기 위해 나는 에드워즈가 노샘프턴에서 목회를 시작할 때 직면한 두 가지 어려움에 대해 생각해 보려고 한다.

첫째 문제는 자수성가형 사람들에게 흔히 나타나는 문제다. 개인의 성취를 강조하는 경향은 삶의 모든 영역에서 뚜렷이 드러나고 있었다. 상업적 번영은 자신의 헌신, 자신감, 열심히 일하는 근로정신에 달려 있다고 보았다. '사람의 됨됨이를 알려면 그가 무엇을 성취했는가를 보라'는 말은 당시 노샘프턴에 사는 많은 사람들의 좌우명이 되다시피 했다. 특히 에드워즈를 그곳에서 추방하는 데 가담했던 사람들이 그런 좌우명에 따라 살았을 것은 분명하다.

그러한 사람들이 볼 때 '행위가 아닌 믿음으로 말미암는 칭의'라는 종교개혁의 주요 사상은 바보 같은 생각일 뿐이었고 나쁘게 말하면 격분을 일으킬 만한 생각이었다. 그 사상은 개인적 성취를 통해서는 하나님과 올바른 관계를 맺을 수 없다고 말하기 때문이었다. 더욱이 그것은 인간의 성취는 신앙으로 나아가는 길을 막는다는 뜻을 가진 사상이었기 때문이었을 것이다. 오히려 그런 사람들에게 기독교란 자아 성취를 추구하는 데 기본적으로 필요한 영적 지원을 적합하게 해 주는 사상이었을 것이다. 달리 말해 그들은 신앙이 그들의 성취를 지지하고 존중하는 하나님에 관한 그 무엇이기를 바랐다.

둘째 문제는 당시 교인들이 명목상의 그리스도인으로 살아도 괜찮을 것처럼 부추겼던 '대충' 헌신해도 된다는 태도였다. 에드워즈도 시무하던 교회에서 많은 이들이 세례를 그저 하나의 사회적 관습으로 여기고 교회 출석을 시민의 의무로 여기는 것을 목격했다. 건전한 시민임을 자처하는 그들에게 '당신도 어찌하든 죄인이오'라는 사상은 폭언에 가까운 것이었다. 그들이 진정한 믿음에 이르기 위해 가야 할 길은 멀기만 했다. 과연 어떻게 해야 그런 사람들도 진정한 믿음에 이를 수 있을까? 그런 사람들에게 죄가 있음을 어떻게 납득시키고, 회개와 회심의 필요성을 어떻게 깨닫게 할 수 있을까?

대각성 운동의 주춧돌과 같은 역할을 한 일련의 설교를 통해 에드워즈는 그와 같은 문제들을 다루었다. 그 설교들은 당시 일반적인 기준으로 보더라도 꽤 긴 것이었다(일설에 의하면 에드워즈는 프린스턴 대학교 총장 취임식에서 장장 두 시간에 걸친 긴 설교를 했다고 한다). 그러나 설교가 길었던 만큼 에드워즈는 설교를 통해 우리가 위에서 주목한 두 가지 문제를 깊이 있게 다룰 수 있었다. 그 설교들은 비판적인 면과 긍정적인 면 두 가지가 다 있었다. 즉 인간의 능력과 성취에 대해서는 비판적이었으나 하나님의 자비와 심판에 대해서는 긍정적이었다. 1734년 당시 노샘프턴에서 에드워즈가 섬기던 교회 교인들의 태도와 현대의 전반적인 서구 문화의 각별한 유사점들을 볼 때 그가 전개한 전략을 한 번쯤 검토해 보는 것도 좋을 것 같다.

첫째로 에드워즈는 당시의 종교적 실용주의에 대해 신랄한 공격을 퍼부었다. 하나님은 인간의 업적을 보며 감탄해 마지않는 분이 아니시라는 것이다. 하나님은 어떤 사람이 의로운가를 판단하실 때 그 사람의 업적을 고려하지 않는다. 하나님이 친히 의롭다고 선포하시기 전에는 모든 사람이 죄인일 뿐이다. 하나님은 믿음 없는 사람을 '경건하지 못하고 불의한 피조물'로 보신다. 이 세상의 심판 (18세기의 노샘프턴이든 현대 뉴욕이라는 미국 사회든)은 하나님만이 하실 수 있다. 궁극적인 문제는 하나님의 평가이지 당시 사회에 만연하던 도덕적 개념이 아닌 것이다. 하나님이 신자를 의롭다고 하시는 것은 그 **신자**가 이룬 업적 때문이 아니라 **그리스도**께서 십자가에서 이루신 일 때문이다.

때로 에드워즈는 청중에게 '구원을 추구하라'고 강조했다. 그것은 노력하면 구원을 **달성할** 수 있음을 가르치기 위함이 아니라 오히려 구원이라는 것은 인간이 처한 상황 밖으로부터만 올 수 있음을 깨닫게 하기 위함이었다. 구원이란 인간이 성취하는 것이 아니라 누군가 그들을 위해 해 주어야 하는 것이다. 그러므로 어떤 사람이 구원을 추구한다는 것은 이미 자기가 스스로를 구원할 수 없음을 인정했다는 것이다. 그것은 동시에 자신이 아직 구원받지 못했음을 인정하는 것이기도 하다. 요약하면, 그것은 하나님의 은혜가 아니면 절망할 수밖에 없고 누구도 의지할 수 없는 무력감에 **빠질** 수밖에 없음을 인정하는 표현이다. 여기서 우리는 에드워즈의 전도 전략의 핵심이 무엇인지를 알게 된다. 즉 사람이 스스로를 도무지 구원할 수 없다는 사실을 깨닫게 하는 것이 그 핵심이다. 이런 통찰력이 여명처럼 밝아 오면서 그동안 회심에 관하여 심각하게 대두되었던 오해의 장애물은 사라져 버렸다.

둘째로 에드워즈는 인간의 죄를 거듭 강조했다. 이 주제에 대해서는 뒤에 『원죄론』 Original Sin, 부흥과개혁사 이라는 그의 저서에서 다시 다루고 있는데, 거기서 그는 더 상세한 토론을 전개한다. '대충' 헌신한 명목상의 그리스도인들에게는 죄의 개념이 눈에 거슬리는 것이다. 현대인들은 '의'라는 것을 사회적 기대에 부응하는 것과 혼동하는 경향이 있는데, 그러한 경향이 죄의 개념을 혼란스럽게 한다. 바로 이런 점에서 에드워즈가 섬겼던 노샘프턴 교회의 대부분의 교인들은 상당히 현대적인 자세를 보여 주었다. 그런 사람들일수록 '죄인'이라는 딱지가 붙으면 그것을 '나쁜 이웃' 또는 '음행한 일을 저지르다 들킨' 또는 '악덕 기업 윤리를 가진' 등의 뜻으로 이해했다. 여기서 우리는 죄가 하나님과의 관계적 측면을 상실한 채 하나의 사회적 개념으로 전락한 모습을 보게 된다.

에드워즈는 이런 추세에 대해 강력히 반발한다. 그는 모든 인간이 하나님의 영광에 이르지 못하고 있음을 강조한다. 사람들이 사회적 관례를 어기지 않고(그것도 기껏해야 가끔 그렇겠지만) 살 수 있을지 모르나 그 사회적 관례는 하나님 앞에서의 의와는 엄연히 다르다. 정직하고 존경받을 만한 시민이면서도(또는 실제와는 조금 다르지만 사람들이 그렇게 봐 준다고 해도) 얼마든 하나님으로부터 멀어진 삶을 살 수 있다. 우리 모두는 '죄악 된 타락한 성품을 타고났다'는 것이다. 우리는 누구를 막론하고 모두 같은 운명에 처해 있다. 그러나 죄의 현실을 인정한다고 해서 인간이 항상 죄를 짓는다는 말은 아니다. 다만 우리는 항상 죄로 향하는 성향을 가지고 있다고 말할 수 있다. 죄는 주로 성향의 문제인데 때때로 죄의 성향이 행동으로 나타나게 된다. 죄를 지닌 상태는 곧 죄악 된 행동을 유발하는데, 이를 두고 죄가 죄악을 불러일으킨다고 말한다.

죄의 실재와 죄의 힘을 깨닫지 않으면 구속의 참 의미도 그 빛을 잃는다. 죄에 대한 관념이 빈약할수록 구원에 대한 이해도 약해질 수밖에 없다. 죄를 사회적 개념으로 이해하면 구속이라는 말도 기껏해야 사회에서 제 몫을 하게 된다는 정도의 의미만을 가질 것이다. 즉 구원에 관한 본질적 논의에서 하나님의 존재는 완전히 배제되어 버린다. 하나님 대신 사회와 그 사회가 소중히 여기는 가치들만 주요한 개념으로 등장한다. 대부분 경제적으로 넉넉한 사람들로 구성된 노샘프턴 교회의 교인들은 죄의 개념을 심각하게 오해하고 있었으며, 따라서 구속에 대한 이해도 올바를 수가 없었다. 그러한 태도를 통해 우리는 현대 미국 문화의 대략을 앞서 읽어 볼 수 있으며, 당시 그러한 태도에 대한 에드워즈의 반응을 통해 현대 미국 문화에 도전하기 위해 우리가 무엇을 할 수 있는가를 배울 수 있다. 어쨌든 현대의 신학자와 설교가들에게 급선무가 있다면 그것은 죄에 대한 올바른 개념을 회복하는 것이다.

셋째로 에드워즈는 믿음으로만 기독교가 온전히 음미되고 이해될 수 있다고 주장했다(이와 비슷한 주장을 한 히포의 아우구스티누스도 "믿기 전에는 결코 이해할 수 없다"고 쓴 바 있다). 복음의 진실성과 도덕성을 인정하는 것만으로는(이것은 대충 믿는 그리스도인들의 특징이다) 믿음의 세계로 들어갈 수 없다. 믿음이 생길 때 모든 것은 변화된다. 성경을 새롭게 이해하게 되고 비로소 복음의 완전한 의미를 깨닫게 된다. 에드워즈는 머리와 가슴, 지성과 심성이 이 믿음 안에서 서로 연결된다는 사실을 강조한다. 그래서 그는 "신령한 눈을 뜬 사람은 하나님이 영화로우시다는 것을 이성적으로만 믿는 것이 아니라 그 마음속에서 하나님의 영화로우심을 직접 체험한다"고 썼다. 우리가 회심하기 전에는 하나님을 안다고 해도 개념적 차원에만 머물게 된다. 그러나 회심 후 우리는 하나님을 인격적으로 알게 되고 마음속 깊이 느끼게 된다. 진리는 지성으로 파악할 수 있는 것일 뿐 아니라 심성으로 경험할 수 있어야 한다. 기독교 교리에 지적 동의를 한다고 해서 이를 충분하다고 할 수는 없다. 하나님의 임재와 권능을 매일의 삶 속에서 경험해야 한다.

여기서 에드워즈가 구분한 것이 어떤 것인가를 현대적인 표현을 써서 말해 보자. 그는 여기서 순전히 인지적인 cognitive 하나님 이해와 실존적인 existential 하나님 이해를 대비시키고 있다. 신에 대해 개념적으로 인식하는 단순한 믿음과, 신자가 자신의 인격적 경험을 통해 알게 되었을 뿐 아니라 그의 인생관까지도 변화시키는 힘이 되는 믿음과는 비교할 수 없는 차이가 있는 것이다. 하나님에 대한 진정한 지식은 사람을 변화시킨다. 그동안의 삶의 인식을 변화시켜 줄 뿐 아니라 그 사람의 삶 전체를 변화시킨다. 기독교는 눈으로 볼 수 있는 자연 현상이 아니라 성령의 일깨움으로 믿는 것이며, 하나님의 아름다움과 임재, 능력 같은 것들은 성령의 조명하심을 통해서만 인식되는 것이다.

그러므로 누구든 회심하지 않고는 복음의 진정한 의미를 충분히 음미할 수 없다. 회심의 경험이 없는 사람은 결코 복음을 완전히 이해할 수 없다. 성경을 아무리 보아도 생생하게 와 닿는 것이 없을 것이다. 성례식에 참여해도 세속 의식에 참여하는 느낌 정도만을 가질 것이다. 교회에 가는 것을 무슨 사회적 의무 수행처럼 여길 것이다. 도덕 그 자체가 목적이 되기 때문에 믿음의 자연스러운 결과로 말미암는 행함과는 달리 기쁨은 사라지고 의무감만 남게 된다. 이렇듯 대충 믿는 사람들은 복음의 풍성함을 맛보지 못한다. 그것은 그들을 위해 마련된 것이 아니기 때문이다. 회심의 경험을 통해서만 복음의 심오한 진리를 터득할 수 있다. 기독교 진리의 중요성을 인정하는 것(이러한 태도는 미국 사회에 만연되어 있다)과 진정으로 그리스도인이 되는 것은 전혀 다른 것이다.

현대 서구 사회 대부분의 사람들은 기독교를 그들이 속한 문화의 한 기층적 요소 정도로만 생각한다. 그렇기 때문에 그들은 기독교적 이상이나 가치에 대해 입에 발린 찬사를 늘어놓을 뿐이다. 에드워즈는 바로 그런 태도의 맹점을 지적했다. 즉 기독교의 힘, 생명력, 적합성 등을 **밖에서 들여다볼 때는** 결코 깨달을 수 없다는 점을 지적했다. 복음의 경이로움을 전폭적으로 깨닫기 위해서는 믿음을 갖지 않으면 안 된다. 기독교는 이러이러한 것이라고 지적으로만 파악하려 든다면 생명력과 깊이를 온전히 깨달을 수 없다. 복음이 그 마음과 생각을 온통 사로잡을 때 비로소 복음의 참 의미를 깨닫게 된다.

건조하고 맥 빠진 것처럼 보이는 그 설교들이 청중에게 그와 같은 충격을 주었을 것이라고 생각하기는 쉽지 않다. 오늘날의 기준으로 보면 그 설교들은 길 뿐 아니라 너무 세세한 부분까지 파고 들어간 것이다. 또 오늘날 명설교의 필수 요소로 꼽히는 예리함이라든지 재기 같은 것도 부족하다. 그럼에도 불구하고 에드워즈의 설교들은 '하나님이 세우시기 전에 먼저 깨어 부순다'는 원리가 철저히 적용된 탁월한 모범으로 알려져 있다. '나는 하나님 앞에 이정도면 됐다'는 회중의 자부심 같은 것을 먼저 깨뜨려 버림으로써 에드워즈는 듣는 이들의 마음을 열 뿐 아니라 그 마음에 기대감을 불러일으킬 줄 아는 설교자였다. 그러한 분위기가 조성되면 회중은 곧 하나님께만 집중하게 되었다.

그러나 많은 사람들이 에드워즈의 공헌을 대각성 운동 자체에서만 찾으려 하지 그가 후에 발전시킨 사상에서는 찾으려 하지 않는다. 대각성 운동이라는 역사적 사건은 교회에서 있을 수 있는 영적 정체기나 쇠퇴기를 극복하고 영적 회복의 전기를 맞을 수 있다는 가능성을 보여 주었다. 그것은 또 복음을 믿을 때 삶과 사회 현상들이 변화할 수 있다는 가능성을 보여 준 운동이었다. 그것은 또 불가능하게만 보이는 상황 속에서도 성령님은 여전히 역사하심을 보여 준 사건이었다. 18세기 초 뉴잉글랜드라는 곳은 많은 사람에게 그저 영적 황무지로만 보였을지 모른다. 그러나 에드워즈의 사역이 보여 준 것처럼, 하나님의 영은 가장 쓸모없는 불모의 사막 가운데서도 꽃망울이 터져 나오게 하실 수 있다.

더 읽어 볼 자료

○ 최근에 나온 조나단 에드워즈의 전기 가운데 가장 포괄적이면서도 읽기 쉽게 쓰인 것은 이안 머레이Ian Murray의 『조나단 에드워즈』Jonathan Edwards인데, 이 책은 에드워즈의 작품들뿐 아니라 에드워즈에 관하여 다른 이들이 쓴 작품들까지 상세히 소개한다.

○ 요즘 특히 미국 독자들 사이에서 에드워즈에 대한 관심을 새로이 불러일으킨 작품은 페리 밀러Perry Miller의 『조나단 에드워즈』Jonathan Edwards다.

○ 지금까지 출판된 에드워즈 관련서들 가운데 그의 사상을 가장 흥미 있게 서술한 책은 로버트 젠슨Robert Jenson의 『미국의 신학자』America's Theologian일 것이다. 이 책은 현대 미국 신학과 신앙의 주요한 쟁점으로 제기되는 모든 질문에 에드워즈가 어떻게 답하는지를 보여 준다.

○ 예일 대학교는 에드워즈 전집의 결정판이 될 출판물을 제작하고 있는데, 현재 아홉 권이 나왔다. 지금까지 나온 그의 작품집 가운데 가장 많은 양의 작품을 싣고 있는 1834년 판은 영인본으로 구입할 수 있으며, 이는 두 권으로 되어 있다(예일 대학교의 에드워즈 전집은 총 27권으로 2008년에 완간되었다-편집자).

10장

칼 바르트
하나님은 하나님이시므로

신학은 전적으로 하나님의 말씀에 의존해야 한다.
모든 신학의 언어들은 하나님의 말씀으로
창조되고, 자극받고, 도전받기 때문이다.

_ 칼 바르트 Karl Barth(1886-1968)

20세기가 막을 내리고 있다. 그러나 금세기가 완전히 마감되기까지는 아직 어느 정도의 시간이 더 있어야 한다. 그러므로 금세기 최고의 신학자가 누구냐는 판단을 내리기에는 아직 이른 감이 있다. 하지만 우리는 그러한 칭호를 받기에 손색없는 인물로 스위스 신학자 칼 바르트$^{Karl\ Barth,\ 1886-1968}$를 꼽는 데 주저하지 않는다. 바르트가 그런 찬사를 받을 만한 이유가 있다면 그것은 여러 권에 걸쳐 쓴 그의 대작 『교회 교의학』$^{Church\ Dogmatics,\ 대한기독교서회}$ 때문일 것이다. 내가 그것을 완독하는 데만도 꼬박 4년이 걸린 엄청난 분량의 작품이다(물론 4년 내내 그 책만 읽은 것은 아니지만). 바르트는 가장 명료한 언어 구사와 통찰력으로 아돌프 히틀러$^{Adolf\ Hitler}$를 비판한 비판가였으며 수준 높은 윤리 사상가이기도 했다.

바르트─그의 이름은 'Cart'나 'Dart'를 발음할 때와 같은 식으로 발음해야 한다(이것은 영어 사용권 독자들이 'Barth'라는 독일어 이름을 영어식으로 '바아스'^{θ}라고 하기 때문인데, 저자의 지적대로라면 한글 표기도 '바아트'라고 해야 더 원음에 가깝겠지만 우리나라에서는 이미 '바르트'로써 오고 있기 때문에 통상적인 발음법을 따른다─옮긴이)는 베른, 베를린, 튀빙겐, 마르부르크 등지에서 신학을 공부했는데 독일과 스위스의 독일어 사용 지역 간의 긴밀한 교육적 호혜 관계 덕을 톡톡히 본

셈이다. 신학을 공부하는 동안 바르트는 당시 독일에서 가장 큰 영향력을 행사하던 신학 사조인 자유주의적 개신교 사상에 심취해 있었다. 뒷날 그는 당시 학습했던 사상들에 대해 거세게 반발하며 거부하게 되었지만 초기에는 이들 사상에 대해 불만을 품은 흔적이 거의 보이지 않는다.

바르트가 대학에 다닐 때 그의 스승들로부터 배운 자유주의적 개신교 사상이 기본적으로 어떤 것인가를 요약해 보는 것은 그리 어렵지 않다. 그것의 중심 개념이라 할 수 있는 것이 몇 가지 있는데, 그 가운데 가장 중요한 것이 인간 문화의 진화 사상이다. 이 사상에 따르면, 역사는 신의 인도에 따라 완전을 향하여 나아가는 과정에 놓여 있다. 문명은 이 진화 과정의 일부다. 역사의 발전 과정 속에서 특별한 신적 통찰력을 가진 사람이 여럿 있는데 그 가운데 한 인물이 바로 예수라는 것이다. 다른 사람들도 그의 모범을 따르며 그의 영적 생활을 공유함으로써 스스로 발전해 나갈 수 있다. 이 종교 운동은 인간의 능력과 잠재력에 무한한 가능성이 있다고 본다. 또 이 사상에 따르면 종교와 문화는 실제로 동일한 것이다. 그래서 이 종교 운동의 신념을 요약해 '문화 개신교'Culture Protestantism라고 부르게 되었다.

바르트가 목회를 시작한 곳은 제네바였다. 그 도시에서 독일어를 사용하는 교회의 부목사로 간 것이다. 1911년에는 스위스 아르가우 지방의 자펜빌이라는 작은 마을에 있는 교회의 목사로 부임해 간다. 다른 목사들과 마찬가지로 그 역시 주일마다 설교를 해야 하는 피할 수 없는 의무에 부딪혔다. 얼마 지나지 않아 그는 자신에게 '본문을 잘 이해하고 해석해야 하는 책임이 있음을 통감했고, 정말 그렇게 하고 싶은 열망도 있었지만 도무지 그렇게 되지 않는' 자신을 발견했다. 훗날 바르트는 성경을 잘 이해하고 성경 말씀대로 설교해야 한다는 사실을 깨달은 사람만이 진정한 신학자가 될 수 있다고 주장했다. 하지만 그 자신도 처음에는 여러 가지 문제를 안고 있었다. 자유주의적 전제들에 따라 성경을 보았을 때 성경의 상당 부분이 도무지 이해되지 않았고, 어떤 말씀은 그 자체로 틀린 것처럼 보였다.

그래서 자유주의적 개신교도들은 하나님보다 인간을 믿는다는 말을 종종 한다. 이러한 주장에는 구미가 당길 만한 진실이 담겨 있다. 자유주의적 개신교도들은 인간과 인간 문명이 선하다는 것을 근본 신념으로 삼고 있었으며 문명의 미래에 대해서도 낙관적이었다. 그런데 바로 그 신념을 산산이 깨뜨려 버린 사건이 발생했다.

1914년 8월, 제1차 세계대전이 발발했다. 자유주의적 개신교 신앙에서, 하나님이 제정하셨고 하나님의 인도를 받고 있다고 하는 유럽의 대권들이 서로를 파괴하려는 시도를 개시한 것이다. 인류의 진보와 계몽의 모습을 보여 주어야 할 문명 국가들이 야만족의 모습으로 전락해 세계가 지금까지 보아 온 전쟁 가운데 가장 파괴적이고 잔악한 전쟁의 소용돌이에 빠져들게 되었다. 인간의 본성과 문명이 근본적으로 선하다고 믿었던 자유주의적 개신교도들의 신앙은 부조리로 보였다. 설상가상으로 바르트의 스승들(그들은 바르트가 상당히 존경하던 사람들이었다)은 카이저^{Kaiser}의 전쟁 방침을 지지

한다는 공개 선언문에 서명했다. 그 사건은 바르트가 보기에 한 시대의 끝과도 같은 것이었다.

1914년 8월 초의 어느 날은 칠흑 같은 어둠의 날로 기억된다. 93명의 독일 지식인이 카이저 빌헬름Wilhelm 2세와 그의 신하들이 내세운 전쟁 방침 선언문에 서명함으로써 여론을 자극했다. 끔찍하게도 그 지식인 명단에서 나는 매우 존경했던 신학 스승들 대부분의 이름을 발견했다. 이것이 시대적 징조에 대해 무엇을 말하는가를 생각하면서 절망에 젖어 들었을 때 내 머릿속에서는 퍼뜩 어떤 깨달음이 스쳤다. 더 이상 그들이 가르쳤던 윤리학이나 교의학을, 또 그들의 성경 이해나 역사 이해를 따라서는 안 되겠다는 깨달음이었다. 적어도 내게는 19세기 신학이 더 이상 아무 미래도 보장해 주지 못했다.

자유주의적 개신교는 공개적으로 그 명성이 실추되었고 불신의 대상이 되었다. 바르트는 지금까지 삶을 바라보던 전반적인 시각을 재고하지 않으면 안 되었다. 그는 이 일을 자펜빌에 있는 서재에서 밤마다 주일 설교를 준비할 때 성경 말씀과 씨름하면서 했다.
전쟁이 끝날 무렵 바르트는 그의 주저 가운데 하나가 된 첫 작품을 끝냈다. 그것은 바울이 로마인들에게 쓴 로마서의 주석으로서 종래의 주석류와는 다른 것이었다. 바르트는 바울의 말씀을 통해 자유주의 신학의 나약하고도 비현실적인 전망에 대해 대대적인 공격을 퍼부었다. 뒷날 한 비평가의 말처럼 그것은 자유주의 신학이라는 놀이터에 폭탄을 던진 것과 같았다. 바르트는 로마서에서 발견한 주제들을 열과 성을 다해 전개해 나감으로써 자유주의적 개신교 사상의 안일하고 피상적인 전제들을 단번에 물리쳤다. 그 서신의 한 가지 주요한 주제는 하나님은 하나님이시므로 하나님으로 인정해 드려야 한다는 것이다. 자유주의적 개신교 사상이 하나님과 인간은 서로 밀착되어 있다고 주장한 반면, 바르트는 그 둘이 서로 완전히 다르다고 주장했다. 둘 사이에는 빙하의 갈라짐과 같은 '대균열'이 있다고 했다. 자유주의적 개신교 사상은 하나님이 인간 문화에 동화되실 수 있다고 보았지만, 바르트는 하나님이 결코 인간적인 것에 동화될 수 없다고 주장했다. 바르트의 초기 사상은 간혹 '변증법적'이라는 평을 받는데 이것이 그가 하나님과 인간, 창조주와 피조물 사이에 존재한다고 믿은 변증법적 관계나 긴장 때문이다. 하나님은 전적으로 다른 분이다. 그분은 근본부터가 다른 분이다. 인간의 지혜로는 그분을 발견할 수 없다. 바르트는 재빠르고 사나운 일격으로 자유주의적 개신교 사상의 목 언저리 정맥을 끊어 놓았다. 바르트가 이 작품에서 전개한 사상이 일반인에게 알려지는 데는 어느 정도의 시간이 걸렸지만, 자유주의의 치명적 약점 때문에 그것을 더 이상 신뢰할 수 없는 것으로 단정 지은 이들에게 크게 호평받았다.

그렇다면 우리는 어떻게 하나님을 알 수 있을까? 만일 우리가 인간의 문화를 통해 하나님을 알 수 없다면 어떻게 해야 하나님을 알 수 있을까? 만일 하나님과 인간 사이에 도저히 건널 수 없는 큰 간격이 있다면 우리는 어떻게 그분에게 이를 수 있을까? 이런 질문들은 우리로 하여금 바르트의 초기 사상의 중심 주제인 계시로 다가가게 한다. 하나님과 인간 사이에는 실로 엄청난 간격이 있다. 이 간격은 우리 인간 편에서 좁힐 수 있는 성질의 것이 아니다. 한쪽 편에 있는 우리가 하나님 쪽으로 다가가려는 것이 불가능한 일일 뿐 아니라 허황된 일임을 보여 주기 위해 바르트는 바벨탑 사건을 예로 들고 있다. 그런데 복음은 전기 충격과도 같은 선언을 하고 있다. 하나님이 그 간격을 넘어오셨다는 것이다. 하나님이 주도권을 쥐고 시간과 영원의 큰 간격을 넘어와 인류 역사 속에서 인간의 모습으로 자신을 알리신 것이다. 하나님은 예수 그리스도를 통해 자신을 계시하셨다. 바르트는 '주께서 말씀하셨다'^{Dominus dixit}는 주제로 거듭 되돌아간다. 이제 바르트의 그 같은 주장을 뒤로 하고 그의 『교회 교의학』에 나타난 후기 신학 사상으로 눈을 돌려 보자.

여러 가지 측면에서 볼 때 그의 『로마서』^{Romans, 복있는사람}는 일종의 항변적 작품이라 할 만하다. 그것은 큰 망치와 같이 쓸모없는 것을 부수어 버리는 역할을 했다. 전쟁이 끝난 후 확대되고 있던 자유주의에 대한 환멸의 흐름에 힘입어 바르트는 별 어려움 없이 자유주의 신학의 기초를 해체하는 데 성공할 수 있었다. 그러나 파괴하고 비판하기는 쉬워도 비판의 대상 대신 그것보다 더 나은 것을 세우는 일은 훨씬 어렵다. 10년이 넘는 준비 작업 끝에 바르트는 이 도전에 임했다. 1932년 그는 『교회 교의학』 제1부를 완성하여 출판했고, 600만 단어를 써 내려간 때인 81세를 일기로 세상을 떠났다. 그래서 이 책은 미완성으로 남았다. 결국 당시 독일 신학계에 떠돌던 "하나님은 바르트가 어떤 결론을 맺는가를 보시기 위해 그가 작품을 완성할 때까지는 살려 두실 것이다"라는 풍문은 파기되고 말았다.

『교회 교의학』은 하나님이 예수 그리스도를 통해 자신을 계시하셨다는 사실로 말미암아 어떤 결과들이 나타나는가를 검토한 대대적인 시도였다.

성경은 하나님에 관하여 이야기할 때 우리의 관심과 사고를 한 가지 사실 곧 그 시점에서 우리가 알 수 있는 사실에 집중시킨다.…그런데 우리가 좀더 자세히 살펴보기 위해 묻는다면, 즉 그 시점에서 누구 혹은 무엇에 우리의 관심과 사고가 집중되는가라고 묻는다면, 물론 그 대상은 하나님인 줄 알지만, 성경은 시종일관 우리의 관심을 예수 그리스도라는 이름으로 향하게 한다.

자유주의적 개신교 사상이 주장하는 것처럼 하나님은 우리가 찾으려 하거나 발견하려 한다고 해서 찾을 수 있는 분이 아니다. 그분은 주도권을 쥐고 먼저 우리에게 자신을 계시하신다. 그러므로 우리가 하나님을 찾아 나서는 것이 아니라 예수 그리스도를 통한 그분의 자기 계시에 반응할 수 있을 뿐이다.

바르트는 이렇게 말한 적이 있다. "나는 이 책 교회 교의학을 통해 성경이 무슨 말을 하고 있는가를 들어 보고 내가 들은 것을 독자들에게 말하려고 한다." 바르트 특유의 계시 사상, 그리고 계시와 성경의 관계를 논하는 중심에는 항상 '하나님의 말씀'이라는 용어가 등장한다. 바르트는 편의를 위해 '하나님의 말씀'을 세 가지 형태로 구분한다. 그 세 가지 구분은 '하나님의 말씀'이라는 표현과 관련된 혼동을 피하는 데 도움을 준다. 첫째, 하나님의 자기 계시로서 예수 그리스도가 있다. 둘째, 예수 그리스도를 통한 하나님의 자기 계시의 증거로서 성경이 있다. 셋째, 성경에 기초를 두고 하나님의 말씀을 선포하는 설교가 있다.

그래서 바르트는 기독교 신학은, 하나님이 예수 그리스도를 통해 자기를 계시하심으로 주어진 하나님에 관한 지식에 기초를 두고 있다고 보았다. 동시에 그 예수 그리스도는 성경에 증거되어 있고 성경을 통해 해석되기 때문에 성경에 기초를 둔 설교를 통해 우리는 예수 그리스도와 만난다는 것이다. 바르트는 『교회 교의학』의 기초가 무엇이냐는 질문을 받고 다음과 같이 대답했다. "그것의 대상, 그것의 근원, 그것의 척도는 성경을 통해 **인간에게 말씀하시는 하나님의 말씀**입니다." 달리 표현하면, 그의 신학은 성경 안에서 발견되는 하나님의 말씀으로 말미암은 것이며 하나님의 말씀에 의해 판가름 난다는 것이다. "신학은 전적으로 하나님의 말씀에 의존해야 한다. 모든 신학의 언어는 하나님의 말씀으로 창조되고 자극받고, 도전받기 때문이다."

바르트에 따르면, 신학자는 같은 산을 반복해 오르고 또 오르는 산행인과 같다. 그래서 처음에는 한 측면에서 그 산을 보고 다음번에는 다른 각도에서 또 그 산을 바라보게 된다. 그런데 일단 그가 바라보던 산에 대해 완전히 익숙해지면 그 산의 아름다움과 특징을 설명해 주기 위해 다른 사람들을 청하여 함께 산에 오를 것을 권하게 된다. 하지만 이 산행인의 자리는 항상 산기슭이다. 즉 신학자는 성경에 나타난 하나님의 자기 계시 주변에서 맴돌며 그 아래 머물 뿐이다. 그는 자기의 자리가 어디인지를 안다. 그는 문제의 답을 알아내는 사람이라기보다는 주어진 답을 익히는 사람일 뿐이다. 그가 바라보아야 할 것은 성경 외에 아무것도 없다.

신학은 결코 성경의 증거를 **넘어설** 수 없다. 성경의 권위를 인정하지 않는 신학자들postbiblical theologian은 이에 대해 의문을 제기하며, 동시에 성경 기자들이 보여 주었던 천문학이나 지리학·동물학·심리학·생리학 등을 능가하는 학문을 소유하고 있을지도 모른다. 그들이 성경 기자들보다 말씀을 더 많이 알고 있는 것 같지만 성경 기자들과 자신을 단순 비교하는 것은 정당하지 못한 것이다.…성경에 나타나는 아주 하찮아 보이는 것이나 괴이한 것, 단순해 보이는 것, 그 의미가 모호한 것들이라도 현대의 가장 경건하며 학구적이고 총명한 신학자의 견해와는 비교할 수 없는 우위를 차지한다.

(한마디 덧붙인다면, 바르트가 예수 그리스도만을 하나님의 자기 계시로 보고, 성경을 이 자기 계시의 증거로 보고 있음에 주목하라. 이러한 사실을 설명하기 위해 그는 위의 인용문과 같이 '성경의 증거'라는 표현을 종종 쓰고 있다. 이것은 바르트의 사상에 대해 논란을 불러일으키는 대목인데, 그것은 바르트가 여러 군데에서 성경은 그 **자체로서** 계시가 아니라 계시에 대한 이차적 증거라고 주장하는 것 같기 때문이다.) 이렇듯 조직신학자는 항상 자기가 성경에서 관찰한 내용 앞에서 자신을 겸손하게 낮추고 그 내

용에 복종하는, 성경에 기초를 둔 신학자여야 한다. 일찍이 칼뱅이 말한 것처럼(바르트도 물론 이 말에 동의할 것이다), "하나님에 대한 참 지식은 복종으로부터 난다."

바르트가 우리에게 충분히 되씹어 볼 만한 사고의 자료를 제공해 준 한 영역이 있는데 그것은 '설교신학'이라는 것이다. 설교할 때 우리는 무엇을 하는가? 설교와 강의의 차이점은 무엇인가? 바로 이러한 질문들을 놓고 씨름하며 바르트는 선포라는 개념에 주목했다. 설교란 예수 그리스도를 선포하는 것이다. 즉 예수 그리스도가 누구이며 우리와 무슨 상관이 있는 분인가에 대해 선언하는 것이다. 설교는 예수 그리스도의 이름으로 우리에게 여러 가지 요청을 한다. 그것은 우리로 하여금 예수 그리스도와 만나게 하며 우리에 대한 그분의 뜻을 놓고 고심하게 한다. 교회 밖에 있는 사람들에게 예수 그리스도는 구원자와 주로, 즉 그들의 복종을 요구할 수 있고 마땅히 그런 대접을 받으실 만한 분으로 선포된다. 전도는 예수 그리스도를 선포하는 것이다. 교회 안에 있는 사람들에게도 예수 그리스도는 구원자와 주로 선포되지만 그분은 이미 그들이 따르고 복종하는 대상이므로 이제 그들에게 요구되는 것은 어떤 모습으로 복종할 것인가를 더 숙고해 보는 것이다.

설교는 또한 사고를 자극하는 자극제여야 한다. 신자들은 설교를 통해 자기의 신앙을 돌아본다. 캔터베리의 안셀무스는 바로 이 점을 염두에 두고 "믿음은 이해를 추구한다"고 말했다. 한 개인이 믿음을 갖게 되면 그는 자연히 믿는 바에 대해 이해하고 싶어 한다는 뜻이다. 바르트는 그 개념과 표현을 신학의 목적을 설명하는 자리에서 사용한다. "교회의 믿음은 이해를 추구해야 한다. 이해를 추구하는 믿음, 그것은 신학이 재현해야 할 일이며 신학이 마땅히 구현해야 할 일이다. 믿음을 맹목적 동의와 구분 짓는 요소가 있다면 그것은 믿음이 가지고 있는 특별한 성질, 곧 '이해를 추구한다'는 측면일 것이다."

바르트가 설교의 중요성을 강조한 것은 바로 하나님은 설교를 통해 **역사하신다**는 신념 때문이었다. 하나님의 말씀을 선포함으로써 교회와 세상은 그 말씀을 듣게 되고 그 말씀에 반응하게 된다. 교회가 성경에 나타난 대로, 성경이 증거하는 바에 따라 충실하게 하나님의 말씀을 선포하고 있는가를 확인해야 하는 신학은 **비판적**일 수밖에 없다. 하지만 신학이 교회의 한 기능으로서 신앙의 관점에서 쓰일 수밖에 없다는 측면을 생각해 본다면 그것은 **긍정적인** 기능을 갖는다. 이렇게 해서 바르트는 신학이라는 학문을 제 위치로 돌려놓는다. 곧 그것이 섬김의 위치에 있을 때는 제 역할을 하지만 주인 행세를 하려 하면 어색해진다는 것이다.

그러면 신학자는 누구인가? 대학에서 강의하는 전문가들을 가리키는 것일까? 바르트는 신학이 그런 사람들의 전유물이 되기에는 너무도 중요한 것이라고 생각했다. 신학은 믿음을 가지고 있을 뿐 아니라 자신의 신앙에 대해 생각하는 사람이라면 누구나 자신의 과업으로 삼아야 한다. 그것은 하나님에 대해 책임 있는 사고를 하려는 모든 사람의 문제이므로 하나님을 믿기 때문에 생긴 과제이며 기회라고 해야 할 것이다.

신학은 신학자들만의 소유물이 아니다. 또한 대학교수들만의 학문적 주제도 아니다. 대부분의 대학교수들보다 신학을 훨씬 잘 이해한 일선의 목사들이 있다는 것은 퍽 다행스러운 일이다. 그러나 신학은 목사들만이 연구할 수 있는 은밀한 주제도 아니다. 다행스럽게도 목사들이 신학적 유아기를 벗어나지 못하거나 초기 단계에 머물러 있을 바로 그때 그 교회의 어떤 교인들이나 모든 회중이 정열에 넘치는 신학도들인 경우가 빈번했으니 말이다. 신학은 다름 아닌 교회가 이루어야 할 과제다.

바르트는 교회의 사명, 곧 교회의 선포, 예배, 찬양의 기초는 세 가지 형태로 표현되는 하나님의 말씀이라고 생각했다. 예수 그리스도를 통해 나타나는 하나님의 말씀, 성경 안에 있는 하나님의 말씀, 교회의 선포 안에 있는 하나님의 말씀 등이 그것이다. 신학자로 인정받아야 할 사람은 바로 하나님의 말씀을 선포하는 일을 맡아 기본적으로 교회의 가르침과 실행을 비판할 줄 아는, 성경을 푸는 일을 맡은 사람들이다. "신학의 과제는 설교자나 회중 등 교회에 있는 사람들에게 교회의 삶과 일은 복음과 율법의 권위 아래 있어야 한다는 것, 곧 하나님의 말씀에 순종해야 함을 쉬지 않고 일깨우는 것이다." 기독교 신학이 예수 그리스도께서 중심에 계심을 인정한다는 말은 곧 교회의 삶과 가르침이 성경에만 입각하여 비판적으로 평가되어야 한다는 사실을 받아들이는 것이다. 따라서 목회자에게 서재와 강단은 필수 요소로서, '신학적 전문가'임을 자처하는 자들에 의해 무시되거나 그 의미가 축소될 수 없는 것들이다.

신학자가 되려면 하나님의 말씀을 전하는 설교자가 되어야 한다. 자신이 세운 이러한 원리에 충실했던 바르트는 일선 교회의 목사직에서 은퇴한 뒤에도 계속 정기적으로 설교하며 신학 교수로 재직했다. 그의 설교 중 아주 잘된 설교들은 바젤 교도소에서 죄수들에게 행한 것들이었다.

자펜빌에서 목회하는 동안 바르트는 설교자의 책임이라는 문제를 놓고 고심한 적이 있다. 설교자가 전하는 말이 어떻게 하나님의 권위를 갖는다고 확신할 수 있을까? 설교가 신적 권위를 갖는다면 설교자 자신의 생각을 배제할 수 있는 길은 있는가? 하나님의 말씀과 칼 바르트의 말을 어떻게 구별할 수 있을까? 이러한 질문을 하는 가운데 점차 그 난제에 대한 열쇠로서 성경에 대한 충실성과 순종이라는 개념을 떠올렸다. 즉 진정한 신학자, 진정한 설교자란 하나님의 말씀을 듣는 사람, 곧 그 말씀에 붙잡힌 겸손한 말씀의 종이다. 특히 나치 지배하의 독일에서 신학을 가르치는 동안에도 바르트는 그러한 통찰에 충실한 삶을 살았다. 1930년대 당시 하늘을 찌를 듯한 권력을 소유했던 나치 독일 치하에서도 바르트는 그리스도인들이 들어야 할 **유일한 목소리**는 예수 그리스도의 목소리라고 선언한 바 있다. 당시 많은 독일인이 아돌프 히틀러의 감언이설에 넘어갔지만 바르트는 그리스도인들의 삶 한가운데를 차지할 수 있는 분은 예수 그리스도 한 분밖에 없다고 주장했다. "성경 안에서 우리를 위해 증거된 예수 그리스도는 우리가 살든지 죽든지 듣고, 믿고, 순종해야 할 유일한 하나님의 말씀이다."

바로 이러한 통찰력 때문에 바르트를 한낱 학문적 신학자가 아니라 기독교 사상의 뛰어난 지도자라고 그 중요성을 인정하는 것이다. 바르트는 신학을 바로 설교로 연결시켰다. 신학은 예수 그리스도에 대한 선포로 이어져 세상 속에 있는 교회의 삶과 복지에 직접 관련되어야 한다는 것이다. 교회의 삶과 가르침을 뒷받침해주는 것은 바로 교회 전체가 추구해야 할 학문인 신학이다. 일부 학구적 신학자들이 자신의 학문적 권위의 허락 없이는 하나님에 대해 아무 말도 할 수 없다는 듯이 떠들고 있을 때 바르트는 '교황이나 된 것처럼 권위를 운운하는' 이 교수들의 주장은 신학 자체의 본질을 잘못 이해했기 때문이라고 넌지시 반박했다. 신학은 신앙 공동체 속에 있는 신자들이 기도하고 묵상하는 가운데 할 수 있는 과업이라는 것이다.

신학에 부여된 임무, 곧 신학이 성취해야 할 뿐 아니라 성취할 수 있는 임무는 교회 안에서 교회의 주님을 섬기는 것이다. 그것은 교회의 성찬식의 분명한 기능이다. 즉 그것은 교회임을 표시할 수 있는 다양한 부분들이 가지는 기능이다. 예컨대 복음 선포라는 모든 경건한 행위를 통해 혹은 하나님에 대한 경외심을 선포하는 모든 행위에서 교회는 하나님의 말씀을 청종해야 할 뿐 아니라 하나님을 섬겨야 한다. 신학은 진공 속에 존재하는 것도 아니고, 임의로 택한 어떤 영역의 문제를 다루는 것도 아니다. 다만 그것은 세례와 성찬 사이의 영역, 곧 성경 자체와 그 성경을 풀고 선포하는 설교 사이를 그 활동 영역으로 삼는다.

루터가 '만인 제사장'설을 주장한 것처럼 바르트도 모든 신자에게 신학적 능력이 있다고 주장했다. 또 루터가 '만인 제사장'설은 안수에 의한 성직 수행을 무의미하게 하는 것이 아니라 오히려 성직 수행을 위한 안수의 위치를 제대로 설정해 준다고 주장한 것처럼, 바르트도 신학과 신앙, 신학자와 신자가 적절하게 연결되어야 함을 강조했다. 신학자라고 해서 자기 고유의 방법대로 토론 주제를 설정할 수 있는 것은 아니다. 그가 독자적으로 선택하기에 앞서 다루어야 할 주제들이 이미 선정되었기 때문이다. 그에 **의해서가** 아니라 그를 **위해서** 그렇게 되어 있는 것이다. 신학의 활동 영역을 규정하는 것으로는 예배, 찬양, 설교, 선교, 선포 등을 들 수 있는데 이 모든 것들은 교회의 가르침과 평범한 신자들의 삶과 직접적으로 관계가 있다. 지금까지 소개한 바르트의 견해가 비지성적인 것처럼 보일 수 있으나 바르트가 전적으로 반대한 것이 있다면 그것은 분명 신학에 대한 그릇된 개념일 뿐이다. 신학은 교회의 기능에 속한다. 그것은 헌신된 그리스도인들의 학문이므로 신학이 섬기는 대상은 교회를 다스리시는 주님이고, 신학을 통해 주님을 섬기는 종들은 신분에 관계없이 하나님의 말씀을 순종하는 마음으로 듣는 사람들이다.

그러므로 바르트는 신학을 순종과 겸손을 요구하는 학문이라고 생각했다. 신학자의 자리는 하나님의 말씀 **아래**이므로 그 말씀을 **판단할** 입장에 있는 것이 아니라 그 말씀에 의해 **판단받게** 된다. 결국 우리가 깨달아야 할 것은 하나님은 하나님이시므로 우리 인간의 언어나 개념을 가지고 하나님을 이해할 수 있다고 생각해서는 안 된다는 것이다. 인간의 언어나 사상, 종교적 관습 등이 하나님의 어떤 측면을 나타낼 수는 있겠지만 그것을 결코 하나님과 동일시할 수는 없다. 바르트는 이런 식으로 사람들이 하나님의 **타자성**他者性, otherness을 스스로 발견할 수 있도록 자극했을 뿐 아니라 하나님의 장엄한 **신성**을 경험함으로써 겸손과 순종, 경이로움 가운데 하나님을 경배하도록 도왔다.

이 장을 마치며 한 가지 꼭 강조해 두어야 할 것은 바르트는 논란의 대상이 되는 인물로서 보통 기독교의 전통적인 교리의 해설자로서는 부적합하다고 판정받고 있다는 점이다. 예컨대 그의 구속론은 만인 구원설과 다름없다는 것이 일반의 주장이다. 즉 그는 원하든 원하지 않든 누구나 결국에는 구원받게 될 것이라는 신념을 보였는데, 그것은 분명히 신약성경의 여러 구절들과 일치하지 않는다. 그럼에도 불구하고 바르트를 이 책에 포함시킨 이유는 그의 중요성과 함께 그가 신학적 논의를 **자극했던** 사상가였다는 단순한 사실 때문이다. 한 가지 소견을 덧붙인다면 나는 그의 글을 읽다가 당장 그 자리에서 일어나 설교하고 싶은 충동을 느꼈다. 사실 나에게 그러한 충동을 일으킨 신학자는 별로 없었다. 그러므로 당신도 그의 책을 한번 읽어 보는 즐거움을 맛보기 바란다. 물론 그를 비판할 준비도 갖추어야 한다. 결국 바르트 자신이 주장한 대로 누구든 성경을 성실하게 읽을 수만 있다면 그 사람이 바로 신학자가 될 자격이 있다.

더 읽어 볼 자료

- 현재 나와 있는 바르트의 전기 가운데 가장 자세한 것은 부시^{E. Busch}가 쓴 『칼 바르트』^{Karl Barth}다. 이 책은 바르트의 신학이 어떻게 발전했는가에 대해 값진 자료를 제공하고 있을 뿐 아니라 히틀러에 대한 바르트의 항거에 관해서도 중요한 자료들을 실었다.

- 바르트의 사상에 대한 입문서로는 다음과 같은 작품들이 있다. 브로밀리^{G. W. Bromiley}의 『칼 바르트의 신학 입문』^{Introduction the Teology of Karl Barth}와 파커^{T. H. L. Parker}의 『칼 바르트』^{Katl Barth}가 그것이다. 위의 두 작품을 쓴 저자들은 바르트의 『교회 교의학』을 영역하는 데 참여한 학자들이다. 파커의 책이 다소 읽기 쉬운 데 반해 브로밀리의 것은 더 상세하다는 장점이 있다.

- 바르트 사상에 익숙한 독자들에게 걸맞은 더욱 상세한 바르트 사상 연구서를 원한다면 니겔 비거^{Nigel Biggar}가 편집한 『바르트에 대한 판단』^{Reckoning with Barth}을 보라. 바르트 사상의 주요 주제들을 다룬 논문 선집으로, 그의 윤리학에 초점을 맞추고 있다. 미국의 바르트 연구를 주도하고 있는 로버트 젠슨^{Robert Jenson}의 『알파와 오메가』^{Alpha and Omega}는 자극적인 분석서다.

- 바르트가 엄청난 분량의 작품을 남겼기 때문에 어느 책부터 읽어야 할지 모르기 쉽다. 그러나 그의 글 가운데 다음 작품을 주옥같은 한 편으로 꼽는 이들이 많다. 『복음주의 신학 입문』^{Evangelical Theology, CH북스}이 그것이다. 프린스턴 신학교에서 행했던 강의 모음집으로, 신학의 본질이라든지 신학과 예수 그리스도·성경·설교 등과의 관계에 대한 통찰력이 번득인다. 읽기 쉬운 문체로 쓰여 있을 뿐 아니라 여러 면에서 바르트의 성숙한 견해를 표현한 고전적 서술이다. 이 책을 읽으면서 흥분에 젖어 들지 않을 수 없다.

- 더욱 조직적이고 구도가 잡힌 바르트의 글솜씨를 맛보려면 『교회 교의학』을 '맛보기'로 읽어 보는 것도 좋다.

- 그의 『로마서』는 난해한 문체로 쓰여 있지만 바르트 신학의 '변증법적 차원'을 볼 수 있는 좋은 책이다. 특히 로마서 1:16-17^{pp. 35-42} 또는 2:1-5^{pp. 56-61}에 대한 주석은 그가 초기에 취했던 자유주의에 대한 비판의 진면목을 보여 준다.

11장

C. S. 루이스
하나님을 향한 갈망

인간의 갈망에 상응하는 만족은
살아 계신 하나님을 만남으로써만
얻게 된다.

_ C. S. 루이스 C. S. Lewis(1898-1963)

친구들 사이에서 잭^{Jack}으로 통하던 클리브 스태플즈 루이스^{Clive} $^{Staples\ Lewis}$는 1898년 11월 29일 북에이레의 수도 벨파스트에서 태어났다. 그의 아버지는 변호사로 성공해 가계를 넉넉하게 꾸렸고, 1905년에는 벨파스트 교외에 있는 '작은 목장'이라는 명패가 붙은 큰 집을 샀다. 그래서 가족 모두가 이사를 했다. 이사 후 얼마 지나지 않아 루이스의 어머니가 죽자 아버지는 루이스와 그의 형 워렌^{Warren}을 몸소 돌보지 않으면 안 되었다. 이후 두 형제는 그 오래된 집의 널따란 다락에 올라가 몇 시간이고 둘이서만 지낼 때가 많았는데, 이때 그들은 그들이 만들어 낸 상상의 세계에 깊이 젖어 들곤 했다.

 루이스는 유년기에 가졌던 기독교 신앙을 곧 버리게 된다. 제1차 세계대전 기간에는 영국군으로 복무했고 그 후 옥스퍼드 대학에 입학했다. 1919년에서 1923년까지는 옥스퍼드 대학의 유니버시티 칼리지에서 고전학과 철학을 전공하여 1922년에 최고 우등생의 영예를 얻었고, 이듬해에는 영어 전공으로 또다시 최고 우등생의 영예를 차지했다. 장래가 불확실하던 얼마의 기간이 지난 다음 그는 1925년 옥스퍼드의 모들린 대학 평의원으로 피선되었다. 그 후 1954년 케임브리지 대학교에 신설된 중세 및 르네상스 영어 교수직에 초빙되기까지 줄곧 이 모들린에서 지냈다. 케임브리지의 그 교수직chair(단순히 교수직으로 번역한 'chair' 제도는 해당 분야의 저명한 학자를 유치하기 위해 특별 기금을 마련해 생활 보장은 물론 제반 특혜를 주는 영예로운 초빙 교수직이다―옮긴이)은 옥스퍼드에도 있던 똑같은 이름의 모들린 대학 평의원직을 겸하도록 되어 있었다(그가 남긴 긴 편지에도 쓰여 있듯이 루이스는 옥스퍼드와 케임브리지 두 대학에 같은 이름의 두 학교가 있음을 재미있게 지적했다). 루이스는 1963년 11월 22일 오후 5시 30분 옥스퍼드에 있는 자택에서 세상을 떠났다. 그것은 케네디John F. Kenedy가 텍사스주 달라스에서 암살당했다는, 전 세계를 놀라게 한 사건이 터지기 불과 몇 시간 전이었다.

1920년대의 10여 년간 루이스는 기독교에 대한 태도를 재검토했다. 유년 시절에 버렸던 신앙을 다시 찾게 된 사건은 그의 자서전 『예기치 못한 기쁨』Surprised by Joy, 홍성사에 아주 상세히 기술되어 있다. 인간의 이성과 경험으로 하나님을 발견하려고 씨름하다가 결국 지적으로 정직한 자세를 취할 때 하나님을 믿고 신뢰할 수밖에 없다는 결론을 내린 뒤 그는 회심하게 된다. 그의 의지로는 그렇게 하고 싶지 않았지만 다른 선택의 여지가 없다는 생각을 떨쳐 버릴 수 없었다. 이 위대한 결단의 순간을 묘사하고 있는 『예기치 못한 기쁨』의 한 대목은 널리 알려져 있다.

모들린 기숙사에 있을 때였다. 밤마다 하던 일을 멈추고 잠시라도 쉬려 하면 내 편에서는 그렇게도 부딪히기를 원치 않았던 그분이 무정하게도 끊임없이 내게로 다가오고 있었다. 당신은 모들린의 어느 방에서 혼자 앉아 있는 내 모습을 그려 볼 수 있을 것이다. 끔찍이도 두려워 피하던 바로 그분이 드디어 나를 찾아오신 것이다. 1929년 마지막 학기에 나는 항복하고 말았다. 결국 하나님은 하나님이시라는 사실을 인정하고 무릎을 꿇어 기도했다. 그날 밤의 사건은 그때까지 영국에서 볼 수 없었던 가장 더디고 맥빠진 회심이었을 것이다. 그때 나는 그것이 그렇게 휘황찬란하고 분명한 것이었음에도 그렇게 보지 못했다. 하나님은 얼마나 겸손하신지 그런 꼴의 회심자라도 마다하지 않고 받아주셨다. 성경에 나온 탕자는 그래도 제 발로 집을 찾아오지 않았던가. 하지만 조금의 틈이라도 주어지면 탈출 기회를 엿보는 혐오에 가득 찬 눈을 번득이며 엎치락뒤치락 발버둥 치며 질질 끌려서 오는 이 탕자에게 하늘의 높은 문을 열고 나선 분의 이 사랑을 그 누가 마땅히 찬양하지 않을 수 있을까?

회심하고 난 루이스는 곧 중세 및 르네상스 영문학 분야의 연구를 주도하는 권위자로서 그 명성을 공고히 세워 갔다. 1936년에 펴낸 그의 『사랑의 알레고리』*The Allegory of Love*는 그의 또 다른 저서인 『실락원 서문』*Preface to Paradise Lost*, 홍성사과 함께 지금까지 대작으로 손꼽힌다. 한편 그는 학문적 저술 활동 외에도 그것과 전혀 다른 성격의 책들을 많이 썼다. 루이스는 당대의 사람들에게 기독교의 합리성을 설명하기 위해 명쾌하고도 확신에 찬 여러 권의 책을 펴냈는데, 그런 책이 계속 나옴에 따라 그는 곧 대중적 인기를 얻은 기독교 저술가의 명성을 얻었다. 하지만 어떤 이들은 그러한 대중적 인기 때문에 그의 학문적 명성이 시들해진 것 같다고 말하기도 했다. 그러나 1946년 그는 옥스퍼드 대학에서 마련한 머튼 교수직 Merton professorship에 취임해 그곳에서 영문학을 강의하기 시작했다.

대중의 인기를 얻은 최초의 책은 존 번연 John Bunyan 의 『천로역정』 Pilgrim's Progress 의 윤곽을 대충 따라서 쓴 『순례자의 귀향』 The Pilgrim's Regress, 홍성사 이었다. 이 첫 작품은 거의 실패에 가까웠지만 루이스는 포기하지 않고 계속하여 1940년에는 『고통의 문제』 The Problem of Pain, 홍성사 를 내놓았다. 이 책은 논리의 선명성과 지성에 대한 호소력을 가진 것으로 평가되어 많은 사람의 호응을 얻었다. 이때 루이스는 영국 국영 방송국 초청으로 라디오 방송의 강좌 프로그램을 맡게 되었다. 1942년에는 그때까지 방송으로 내보낸 것을 모아 『기독교의 사례』 The Case for Christianity 라는 책을 발간했다. 이 책으로 대단한 성원을 얻자 루이스는 그 책을 다른 두 권의 짤막한 작품, 곧 1943년에 나온 『그리스도인의 행동』 Christian Behaviour 과 1944년의 『개성을 넘어』 Beyond Personality 와 합쳐 『순전한 기독교』 Mere Christianity, 홍성사 라는 책을 펴냈다. 1942년에는 『스크루테이프의 편지』 The Screwtape Letters, 홍성사 가 나왔는데 이 책에서 보여 준 재치와 통찰력을 통해 루이스는 기독교 신앙을 옹호하는 탁월한 변증가로서 명성을 확실히 굳히게 되었다.

이러한 명성은 뒤따라 나온 『기적』 Miracles, 홍성사 과 『네 가지 사랑』 The Four Loves, 홍성사 등에 의해 더욱 확고해졌다. '물 탄 기독교'(그는 자유주의 기독교를 이렇게 불렀다)를 비판했던 그는 독자들의 깊은 공감을 얻었다. 반면 그를 비판하고 나선 비평가들의 언성은 분노에 찬 것이었다. 알리스테어 쿡^Alister Cooke은 그를 일컬어 제2차 세계대전이 끝나면 곧 잊혀질 것이 뻔한 대수롭지 않은 꼬마 선지자라고 묘사했다. 그러나 그 예언은 바로 그렇게 비아냥거리던 쿡 자신의 운명을 점친 것이 되고 말아 후에 그는 정말 아무도 알아주지 않는 무력한 꼬마 선지자가 되고 말았다.

전문 신학자들도 루이스가 거둔 대성공을 바라보며 달가워하는 눈치는 아니었다. 그들은 그의 글이 사물을 너무 단순화하는 경향이 있다고 비판했다. 루이스는 그런 비판에 맞서 만일 전문 신학자들이 맡은 일에 충실했더라면 자신과 같은 평신도 신학자가 필요치 않았을 것이라고 응수했다. 1963년에 그가 세상을 떠난 후에도 그가 쓴 책들에 대한 사람들의 관심은 좀처럼 수그러들지 않았다. 1980년 4월에 나온 「타임」은 "루이스야말로 금세기에 나타난 하나님을 변호한 변증가 가운데 가장 인기 있는 사람임이 틀림없다"고 썼다. 그는 세상을 떠났지만 그의 영향력은 여전히 살아 있다. 루이스를 보지도 못했던 수천 수만의 사람들이 지금도 그의 영향을 받아 기독교를 발견하고 기독교로 회심한다.

그의 책들이 그렇게 많은 사람들에게 큰 호소력을 불러일으킨 까닭은 과연 무엇일까? 그것은 두말할 것도 없이 루이스 특유의 지적이고도 설득력 있는 접근법 때문일 것이다. 루이스는 기독교를 타당성 있는 종교라고 생각했다. 그것은 특유의 합리성을 자랑하는 종교였다. 루이스는 하나님을 믿지 않는 것보다 믿는 편이 더 합리적이라고 주장한다. 『순전한 기독교』는 우리가 만날 수 있는 기독교 변증서 가운데 기독교 신앙의 합리성과 도덕성을 명료하고도 지성적인 필치로 변론한 가장 뛰어난 책일 것이다.

그러나 이 정도의 이야기로 루이스에 대해 다 말했다고 할 수는 없다. 루이스를 만날 때 우리는 아주 냉철한 사상가와 만나는 것이다. 그는 아주 색다른 사상가였다. 그는 인간이 가진 상상력이 어떤 것인지를 잘 알고 있었을 뿐 아니라 그 상상력이 현실을 이해하는 데 얼마나 큰 역할을 하는지도 잘 알았던 사람이다. 루이스의 저작이 지닌 가장 독창적인 측면은 종교적 상상력에 대한 끈기 있고도 힘찬 호소라고 할 수 있다. 루이스는 시간과 공간을 초월한 인간 실존의 한 국면을 나타내 주는 심오한 인간적 정서가 무엇인지를 깊이 인식하고 있었다. 루이스는 이를 인간의 마음속 깊이 자리 잡고 있는 진한 그리움의 감정이라고 했는데, 세상의 경험이나 다른 무엇으로도 채울 수 없는 감정이라고 표현했다. 루이스는 이러한 감정을 '기쁨'이라고 한 다음 이 감정은 근원이며 최종적 목표인 하나님께로 향한다고 주장한다(그의 자서전 제목도 여기서 나왔다).

여기서 루이스의 말이 무슨 의미인지를 이해하려면 그가 말하는 '기쁨'이라는 개념을 더 자세히 설명할 필요가 있다. 그가 살던 벨파스트라는 동네에서 어린 루이스는 창문을 통해 멀리 캐슬레이 언덕을 바라보곤 했다. 멀리서 바라보이는 그 언덕은 그가 다다를 수 없는 그 무엇을 상징했던 것 같다. 그래서 그 언덕을 바라볼 때마다 그의 마음속에는 짙은 그리움 같은 것이 움트고 있었다. 그도 당시에는 자신이 몹시도 그리워하던 그것이 정확히 **무엇인지** 말로 표현할 수 없었다. 다만 그의 마음이 텅 빈 것처럼 느껴졌는데 그 신비의 언덕을 바라보면 그 텅 빈 마음이 채워지기는커녕 빈자리가 더 커지기만 했다고 한다. 그의 『순례자의 귀향』에서는 그 언덕이 알 수 없는 욕망의 상징으로 등장한다.

루이스는 그러한 경험(독일의 낭만주의를 연구하는 학생들에게는 이것이 'Sehnsucht'^{그리움}로 더 잘 알려져 있다)을 자서전에서 더 상세히 묘사했다. 그는 까닭 없이 성큼 다가선 지난날의 기억을 더듬어 가며 어린 시절 울창한 까치밥나무 덤불에 서 있던 자신의 모습을 다음과 같이 그렸다.

> 내 속에서 예기치 못한 일들이 갑자기 일어났다. 몇십 년도 더 된, 아니 몇백 년도 더 된 듯한 깊이에서 우러나는 기억이었다. 그 고옥古屋에서 살던 어느 날 이른 아침, 형은 장난감으로 만든 정원을 우리들의 놀이방으로 옮겨 놓았다. 그때 나에게 닥친 그 벅찬 감정을 무슨 말로 표현해야 할지 모르겠다. 밀턴이 말한 에덴의 '커다란 희열'이 이에 가깝다면 가까울까…내가 그 열망의 정체가 무엇인가를 헤아리기도 전에 그 열망은 모습을 감추며 사라졌고 주위는 다시 일상적 평온으로 되돌아왔다. 이제 막 종적을 감춘 그 희열을 다시 붙잡아 보려는 그리움으로 이따금 가볍게 떨릴 뿐, 그러한 느낌은 순간이었다. 그런데 이 일을 전후로 내게 있었던 모든 일들은 그 순간의 느낌에 비하면 아주 하찮을 뿐이었다.

루이스는 여기서 짧은 한순간의 직관, 곧 일상적 경험의 한계를 초월하는 그 무엇에 사로잡힌 듯한 느낌을 묘사하고 있다. 그런데 그 느낌이란 무엇일까? 그 경험은 무엇을 가리키는 것일까?

루이스는 1941년 6월 8일, 유명한 설교 "엄청난 영광"The Weight of Glory에서 그러한 질문에 답한 바 있다. 그것은 '일상적 행복을 추구하는 마음과는 다른 것으로 그 목표가 무엇인지 불분명하고 또 그 정체를 들여다보면 알 것 같다가도 좀처럼 알 수 없는 어떤 열망과 같은 것'이다. 인간의 욕망은 자멸성을 띠고 있어 바라던 것을 달성하고도 그 욕망은 여전히 채워지지 않은 채로 남아 있기가 일쑤다. 루이스는 사람들이 예로부터 해온 미의 추구를 예로 들며 이를 설명한다.

우리는 흔히 유명한 책이나 음악이 미를 간직하고 있으리라고 생각하지만 이를 무턱대고 믿어 버리면 속임수에 빠지게 된다. 미는 그 작품 **속에** 들어 있는 것이 아니라 그 작품들을 **통해** 우리에게 전달될 뿐이다. 그런데 그 작품들을 통해 우리에게 다가오는 것은 한편으로는 그리움이라는 것이다. 이런 것들—즉 미라든지 우리 자신의 과거에 대한 기억 등—은 우리가 정말 바라는 아름다운 영상이다. 하지만 그 영상들을 어떤 고정된 사물 자체로 착각해 버리면 그 영상들은 곧 말 못하는 우상으로 전락하고 말아 숭배자의 마음을 안타깝게 할 것이다. 그 영상들이 물체의 본질을 의미하는 사물 자체가 아니라는 사실은 마치 우리가 꽃을 볼 수는 있어도 그 꽃의 향기를 볼 수는 없고, 음을 듣고 즐길 수는 있어도 그 음을 일으키는 소리의 파장은 들을 수 없는 이치, 또 어떤 사건의 소식은 들을 수 있어도 사건이 발생한 나라에까지 가 볼 수는 없는 이치와 같다.

인간의 욕망이란 한마디로 우리의 마음을 채워 줄 대상에 대한 깊은 그리움으로, 달콤함과 씁쓰레함을 동시에 느끼게 하는 애틋한 갈망이다. 또 인간의 욕망은 어떤 유한한 대상을 넘어서서 그 이상의 것을 바라보게 한다(유한한 대상은 그 욕망을 채워 줄 것처럼 보이지만 결국은 그러지 못하기 때문이다). 그러므로 이는 유한한 대상들을 통해 진정으로 찾고 있는 목표이며 진정한 만족을 주는 분인 하나님을 바라보는 것이다.

이와 비슷한 현상을 인간관계에서도 관찰할 수 있다. 인간관계의 모든 양상 가운데 가장 심원하다 할 수 있을 사랑을 예로 들어 보자. 사랑한다고 할 때 우리는 사랑하는 그 사람에게 우리 자신을 모두 내주고 싶은 이상한 열망에 휩싸인다. 즉 누구를 사랑한다는 것은 나를 한없이 돋보이게 하는 동시에 나를 형체 없이 함몰시키는 역설적 관계로 들어가는 것이다. 우리는 사랑 안에서 모든 것을 찾고 깊은 만족을 얻으리라 기대하지만 그것은 생각보다 덜 만족스럽다. 사랑하는 사람들끼리도 달콤하면서 씁쓰레한 깊은 갈망이 자리 잡고 있음을 보게 된다. 그것은 바로 사랑의 관계 **속에서도** 찾을 수 없고 다만 그 사랑의 관계를 **통해** 다가올 그 무엇에 대한 갈망이다. 에벌린 워$^{\text{Evelyn Waugh}}$의 소설『다시 찾은 브라이즈헤드』$^{\textit{Brideshead Revisited}, 민음사}$는 인간의 허다한 경험 속에 자리 잡고 있는 그러한 좌절의 아픔을 잘 포착하고 있다. 사랑에 대한 그리움이든 미에 대한 갈망이든 사람들은 항상 그 바라던 것을 결국 찾지 못하고 만다. 거의 그 목표에 다다랐다 싶을 때에도 그것은 여전히 한쪽 모퉁이 어딘가에 가려진 채로 남아 있다. 우리가 좇는 것이 무엇이든 그것은 항상 보일 듯하면서도 정작 잡으려 하면 어디론가 슬그머니 빠져나가 버린다.

우리가 사랑하는 모든 것은 하나의 암시 혹은 상상에 지나지 않는 것이 아닐까. 지나가는 나그네가 문설주 한 귀퉁이에 새겨 놓은 뜻 모를 낙서라고나 할까. 혹은 수없이 많은 행인의 발길에 닳디 닳은 길가의 포장석이라고나 할까. 너와 나는 그와 같은 암시 혹은 상징을 쫓는 무리 중의 한 표본일 것이다. 우리 둘 사이에 나래를 접고 내려앉은 이 슬픔은, 깊은 만족을 찾아 나섰다가 낙심하여 돌아선 때의 그 아픔 때문이다. 그것을 찾아 나설 때 우리는 서로의 모습 너머에 있는 그것의 그림자라도 보고 싶어 함께 달려가 보지만 가 보면 그것은 벌써 한쪽 모퉁이를 돌아 제 모습을 감추고 있다.

인간의 사랑은 하나의 비유처럼 지금 말하는 바를 넘어선 어떤 다른 것을 가리키는 듯하다. 쾌락주의가 안고 있는 역설, 즉 쾌락은 결코 궁극적 만족을 줄 수 없다는 간단하지만 자가당착적인 사실도 지금 우리가 말하는 이 괴이한 현상을 설명해 주는 한 예라 하겠다. 쾌락, 미, 인간관계, 이 모든 것은 많은 것을 기대하게 하지만 정작 우리가 그것을 붙잡으려 할 때 우리는 찾고 있는 것이 그 안에 있지 않고 그것을 넘어선 다른 곳에 있음을 깨닫는다. 이렇듯 인간의 경험 속에는 '신적 불만족' divine dissatisfaction이라는 것이 있어서, 우리는 마음속에 자리 잡은 이 욕망을 어디에 가면 채울 수 있을까 계속 되묻는 것이다.

루이스는 그러한 욕망이 결국 채워질 수 있다고 보았다. 그는 배고픔을 예로 들면서 그것을 실제적인 육체적 필요로 말미암아 생긴 인간의 감정이란 점에서 아주 좋은 예라고 했다. 이 같은 필요는 그것을 충족시켜 줄 음식이 존재하는가를 살펴보게 한다. 목마름도 인간이 필요로 하는 또 다른 것이 있음을 가르쳐 주는 인간의 한 갈망인데, 이것은 물을 마심으로써 충족된다. 이와 같이 인간에게 있는 어떤 갈망도 진정한 궁핍에 의한 것이기 때문에 그 궁핍함을 채워 줄 진정한 대상을 바라게 된다는 것이다. 모호하긴 하지만 우리는 인간의 성적 욕망에 대해서도 비슷한 이야기를 할 수 있다. 그래서 루이스는 말하기를, 물리적으로 또는 유일한 대상에 의해 충족될 수 없는 무한한 갈망이 인간에게 있다는 것은 다른 어떤 방법으로 충족시키지 않으면 안 될 현실적 욕구가 있음을 시사하는 것이라고 했다.

이 점에 대해 루이스는 1931년 10월 31일 그의 형에게 보낸 편지에서 더욱 분명히 말했다.

어떤 사람들에게는 '신의 관념'이 단순한 추상적 정의가 아니라 자신들의 능력을 초월하는 선이나 미와 같은 현실적 지각 대상입니다. 이것은 하나님을 믿는 사람들만이 지각할 수 있는 것은 아닙니다. 어떤 이들에게는 그것이 자연, 음악, 시 등을 통해 평생 '막연히 바라는 어떤 것'일 수도 있기 때문에 모리스의 말처럼 '태양의 동편 혹은 달의 서편에 있는 나라'와 같이 극히 비종교적인 용어로 표현될 수도 있습니다. 그러나 그 욕망은 어떤 유한한 것으로도 채울 수 없기에 그 욕망의 대상을 우리의 상상력의 산물쯤으로 봐서는 **안 됩니다**.

달리 말하면 어떤 유한한 것으로도 충족시킬 수 없는 욕망이 존재한다는 것은 인간에게 그만한 현실적 욕구가 있다는 뜻이고 그 욕구는 충족 가능하다는 뜻일 것이다. 그렇다면 그 욕구는 어떻게 충족될 수 있을까?

루이스는 그러한 갈망의 근원이 하나님께 있다고 보고 감정의 충족 또한 하나님 안에서 찾아야 한다고 주장했다. 이 점에서 그는 인간 본성의 기원과 궁극적 지향점에 대한 아우구스티누스의 전통적 기독교 사상을 되풀이하고 있다. "주여, 당신은 우리를 지으실 때 당신을 위하여 지으셨으므로 우리의 영혼은 당신의 품으로 돌아가 안식하기까지는 쉬지 못하나이다"(히포의 아우구스티누스). 우리는 하나님에 의해 지음 받았기 때문에 우리에게는 하나님만이 채울 수 있는 깊은 갈망이 있다. 물론 루이스가 인간의 욕망에 대해 성찰할 때 스스로 '기쁨'이라고 부른 자신의 경험만을 말하는 것 같으나 그는 분명 그러한 갈망 혹은 욕망이 인가의 본성과 경험 속에 만연되어 있다고 보았다. 그러므로 복음 증거를 위한 중요한 접촉점이 이미 마련되었다고 할 수 있다.

이러한 루이스의 직관을 통해 우리는 하나님에 대한 **갈망**을 표현하는 성경 말씀을 새롭게 깨닫는다. "하나님이여 사슴이 시냇물을 찾기에 갈급함같이 내 영혼이 주를 찾기에 갈급하나이다"시 42:1. 이 말씀 안에 표현된 하나님에 대한 **갈망**이 얼마나 큰 것인가를 주목해 보라. 루이스가 보여 준 '기쁨'에 대한 성찰을 덧붙여 생각해 보면 여기서 말하는 갈망은 더 깊은 의미를 갖게 될 것이다. 마찬가지로 동물의 갈증으로 표현된 욕구와 인간이 하나님을 갈망하는 것을 성경이 어떻게 비교시켰는가를 생각해 보라.

그런데 인간의 욕망이 지향하는 이 초월적 대상은 과연 **현실적인** 존재인가? 이에 대해 루이스는 인간의 욕망이 제시하는 단서들을 좇아가 보면—물론 상상에 의해서만 가능하다 하더라도—인간 실존에 제4의 차원이 있다고 가정할 때만 비로소 그 욕망은 의미를 갖는다고 말한다. 그러나 인간의 이성이라는 '감시자'는 경험을 초월하는 것에 대해 말하는 것을 허락하려 하지 않는다. 바로 이 문제에 이르러 루이스는 플라톤이 말한 동굴의 비유를 생각한다. 루이스는 우리에게 익숙한 그 비유를 활용해 경험의 세계와 경험을 초월하는 세계 혹은 경험을 통해 도달할 수 있는 초월의 세계와의 관계를 설득력 있게 설명한다. 루이스는 그 초월의 세계를 하나님과 동일시한다.

플라톤의 비유는 어느 동굴에 갇힌 일군의 사람들에 대한 이야기다. 동굴의 한쪽에서는 한 무더기의 모닥불이 타오르고 있지만 묶여 있어서 몸을 마음대로 움직일 수 없는 그들은 동굴 벽에 비친 그림자를 볼 수 있을 뿐이다. 그 동굴은 그들이 지금까지 경험한 세계의 전부였다. 그러므로 그들이 동굴 안의 모습을 보면서 그것이 **유일한** 현실 세계의 모습, 곧 그 외에는 다른 세계가 존재하지 않는다고 생각했을 것은 당연하다. 그들에게는 그들이 볼 수 있었던 그림자가 현실 세계의 전부였다. 그런데 묶여 있던 한 사람이 동굴을 탈출해 동굴 밖의 위대한 세계를 발견하고는 동굴에 갇혀 있는 친구들에게 돌아와 그가 발견하고 돌아온 세계에 대한 이야기를 들려주었다. 그러나 그들은 그의 말을 믿을 수 없었다. 지금까지 그들이 경험한 세계를 초월한 또 다른 세계가 정말 존재한다는 말인가?

루이스는 『나니아 연대기』 Chronicles of Narnia의 한 편인 "은의자"The Silver Chair에서 플라톤의 비유를 전개한다. 이 책에서 한 나니아인은 지하 세계에서 온 마녀를 만나는데, 그 마녀는 그에게 지하 세계가 정말 존재할 뿐 아니라 그 지하 왕국만이 **유일한** 현실 세계라고 주장한다. 하지만 이 나니아인은 그 이야기에 대해 별 매력을 느끼지 못한다. 오히려 이 마녀가 얼토당토않은 말을 한다는 것을 알고 그녀의 정신세계를 확장시켜 주어야겠다는 생각에 사로잡혀 그녀를 설득하기에 이른다. 그의 주장은 명백한 것이었다.

이 모든 것들, 곧 나무라든지 풀, 해, 달, 별 그리고 아슬란마저도 우리가 꾸며 낸 것이거나 아니면 이 모든 것을 우리가 다만 꿈꾸고 있다고 생각해 봅시다. 이제 그런 세상을 꿈꾸다가 막 깨어났다고 합시다. 그렇게 가정한다 할지라도 꾸며 낸 이야기라고 가정한 그 이야기에 나오는 것들이 당신이 말하는 현실 세계의 것들보다 훨씬 더 중요하게 보이지 않습니까? 하지만 당신이 말하는 대로 유일한 세계라고 하는 그 암흑 구덩이와 같은 당신의 나라를 생각해 봅시다. 정말이지 내가 볼 때 그 세계는 형편없어 보이는군요. 한번 생각해 보세요. 정말 우스꽝스럽지 않습니까? 당신 말이 맞다면 우리는 유치한 놀이를 하고 있는 어린아이들과 다름없을 것입니다. 하지만 그런 유치한 어린아이들이라도 넷만 모이면 당신이 말하는 그 세계보다 훨씬 멋진 상상의 세계를 꾸며 볼 수 있을 것입니다.

여기서 전개하고 있는 논리는 희랍 교부들이 처음 사용한 고전적 논리로서 토마스 아퀴나스에 이르러 한층 발전된 것이다. 즉 우리의 상상 속에 있는 관념들을 세상의 경험에 기초를 두고 설명할 수 없을 때 우리는 이 세상을 초월하는 초월 세계의 용어로 설명할 수밖에 없다는 것이다. 분명한 '현실' 세계는 그 밖의 다른 세계, 곧 **꾸며 낸** 세계가 아닌 '상상의 세계', 다시 말해 우리의 상상력으로만 들어갈 수 있는 또 하나의 **현실** 세계에 의해 완성된 국면에 접어들게 된다.

그러나 여기서 말하는 '상상의 세계'가 정말 꾸며 낸 세계일 수가 있다. 종교적 관념들이 단지 일상적 개념에 기초를 둔 것일 수 있다는 뜻이다. 하나님도 이 세상의 왕이나 아버지의 형상을 모방하여 크게 확대시킨 것일지도 모른다. 이러한 논리의 근거는 대략 다음과 같다. 현실성이라는 것은 현재 이 세상에서 찾을 수 있을 뿐이며 비유적 관념은 인간의 상상에 의한 것이라는 것이다. 인간의 아버지들은 현실에 존재하지만 하나님 아버지는 인간이 만들어 낸 조각품이라는 것이다. 루이스는 이러한 도전에 대해 여러 곳에서 답변하고 있는데, 특히 가장 기억에 남는 것은 『나니아 연대기』 "은의자"란 작품을 통한 답변이다. 마녀는 나니아 왕국의 왕자에게 그가 말하는 '해'라는 것이 무엇인지 말해 달라고 부탁한다. 그녀가 사는 지하 세계에는 태양에 맞먹을 만한 사물이 없었기 때문이다. 이때 왕자는 하나의 비유를 들어 대답한다. 해는 램프와 같다고 했다.

"저기 램프가 보이지요. 둥글고 노란색을 띠면서 이 방을 비추고 있는 저 천장에 달린 저것 말입니다. 우리가 해라고 부르는 것도 램프와 같은 것이지만 엄청나게 크고 훨씬 밝은 빛을 낼 뿐입니다. 그것이 이 지상 세계 온 누리를 비추면서 하늘에 매달려 있지요."

"왕자님, 어디에 매달려 있다고요?" 마녀가 묻자 거기 있던 사람들은 이 물음에 어떻게 답해 줄까를 생각했다. 이때 마녀는 그 독특한 부드럽고도 은빛 나는 웃음을 흘리며 계속 이야기했다. "이봐요, 당신들이 말하는 그 해라는 것을 '꼭 이것이다'라고 설명하려 했지만 딱 꼬집어서 말하지 못했어요. 다만 그것은 저 램프와 비슷하다고만 말했지요. 당신들이 말하는 그 해는 꿈에서 본 것이에요. 꿈에서 본 것 중 램프의 모습을 닮지 않은 것이 있었나요? 램프는 실제로 존재하는 것이지만 해는 만들어 낸 이야기, 어린이의 동화에나 나올 만한 그런 것일 뿐이지요."

다시 말해 해는 실제로 존재하는 물체인 램프라는 것을 기초로 해서 상상으로 꾸며 낸 것이 아니냐는 말이다.

그 책을 읽는 사람들은 해가 정말 존재하는 것임을 분명히 알고 있다고 생각했기 때문에 루이스는 마녀의 논리가 피상적일 수밖에 없음을 적나라하게 보여 줄 수 있었다. 마녀의 논리는 명석하고 설득력 있어 보이지만 실제로는 아주 잘못되어 있다. 하나님은 (목자라든지 왕, 아버지 등과 같은) 인간의 모습에 기초를 두고 조작된 존재가 아니라 스스로 존재하는 분이시다. 우리는 목자라든지 왕, 아버지 등과 같은 인간의 모습을 통해 하나님의 어떤 측면만을 조금 이해할 수 있을 뿐이다. 그러나 위의 이야기가 무신론을 암시한다고 생각하면 큰 오해다. 루이스는 많은 저술을 통해, 인간의 갈망에 상응하는 만족은 살아 계신 하나님을 만남으로써만 얻게 된다고 하면서 인간의 갈망과 하나님을 통한 만족이라는 상관관계를 강조한다.

인간이 갖는 이 깊은 갈망의 신학적 의미를 아주 세련되게 표현한 것이 그의 또 다른 작품 『우리가 얼굴을 찾을 때까지』*Till We Have Faces*, 홍성사에 나오는데, 이것은 큐피드와 푸시케의 사랑 이야기를 뛰어난 필치로 각색한 것이다. 한 대목에서 푸시케는 그녀의 여동생(이 여동생이 이야기의 전달자 역할을 한다)에게 자신이 세상에서 경험한 것들로는 찾을 수 없는 어떤 초월적인 것을 열렬히 갈망하고 있음을 이야기한다.

"나는 항상―적어도 내가 기억할 수 있는 한―죽음을 갈망해 왔어."

"오, 푸시케!" 내가 말했다. "내가 그토록 언니를 불행하게 했단 말인가요?"

"아 아니, 그게 아니고," 그녀가 말했다. "너는 잘 모를 거야. 그런 종류의 갈망이 아니야. 사실 가장 행복한 순간 나는 바로 그런 열망에 가장 깊이 빠져드니까. 그러니까 우리가 셋이서 언덕에 올라

햇볕과 잔잔한 미풍을 즐기던 그런 행복한 날일수록…기억날 거야, 그 잿빛 산을 먼발치에서 바라보며 즐기던 그 색깔이며 냄새가. 그런데 너무나 아름다우니까 오히려 내게는 형언할 수 없는 갈망이 생기는 거야. 언제나 이렇게 목마른 것처럼 갈망에 젖어. 어딘가 다른 곳에는 저보다 훨씬 더 아름다운 광경이 있지 않을까 하고. 이 세상의 모든 만물이 나더러 '푸시케, 어서 이리 오렴!' 하고 부르는 것 같아. 그런데 나는 가질 못해. 어디로 가야 하는지를 도무지 모르는 거지. 그럴 때마다 내 마음은 어찌나 아파 오는지, 그럴 때면 다른 모든 새들은 훨훨 날아 제집을 찾아가는데 나만 새장에 갇힌 느낌이라니까."

푸시케는 스스로 도저히 형언할 수 없는 그 무엇에 대한 갈망을 경험하는데, 그 갈망은 세상에서 발견한 미 때문에 생긴 것이다. 그 갈망은 좌절로 끝나 버린다. 이 세상에는 그녀가 가진 갈망을 채워 줄 것이 없었다. 푸시케가 그 갈망을 완전히 충족시키려면 이 세상의 모든 제약으로부터 해방되어야만 했다. 우리의 마음도 우리를 창조하신 하나님 안에서 안식하며 그분과 교제하기 전까지는 진정한 쉼이 없는 것이다.

이 책에서 다룬 모든 신학자들이 다 그랬지만 이 짧은 한 장으로 루이스의 모든 것을 다룰 수는 없다. 그러나 이 장을 읽고 당신이 루이스의 책을, 또는 루이스에 대한 책을 읽고자 하는 욕심을 갖게 되었다면 더 이상 바랄 것이 없다. 물론 이 책에서 거론한 다른 작가들에 관해서도 마찬가지의 자극이 되기를 바란다.

더 읽어 볼 자료

○ 루이스는 그의 유년기의 삶과 회심에 대해 자서전 『예기치 못한 기쁨』에서 상세히 술회하고 있다. 다른 사람들이 쓴 전기들을(아래에 몇 가지를 소개했다) 보면 이 작품에서 생략된 자세한 내용을 덧붙여 설명하고 있으나 자서전이 보여 주는 탐험 정신과 희열에 찬 발견의 분위기 등은 자서전만큼 실감 나지는 않는다.

○ 로저 란셀린 그린Roger Lancelyn Green과 월터 후퍼Walter Hooper가 쓴 『C. S. 루이스 전기』C. S. Lewis: A Biography는 루이스의 생애를 다룬 훌륭한 연구서로서 그의 회심 과정과 그가 그리스도인이 된 후 어떻게 성숙해 갔는가를 기술한 중요한 자료가 포함되어 있다.

○ 윌리엄 그리핀William Griffin의 『C. S.루이스: 진정한 목소리』C. S. Lewis: The Authentic Voice는 루이스의 작품을 광범위하게 인용해 가며 쓴 전기로서 인용문 가운데 상당수는 잘 알려지지 않았거나 출판된 적이 없는 작품들로부터 인용되었다.

○ 루이스의 독특한 기독교 접근 방식을 보려면 다음 네 작품을 읽어야 할 것이다. 『순전한 기독교』, 『기적』, 『고통의 문제』, 『스크루테이프의 편지』.

○ 그의 설교 "엄청난 영광"은 상상력에 호소하는 설교로서 간결체의 고전 명문이다.

○ 리처드 퍼틸Richard L. Purtill의 『C. S. 루이스의 기독교 신앙 사례』C. S. Lewis's Case for the Christian Faith는 루이스 사상의 주요 주제들을 다룬 탁월한 입문서이다.

○ 채드 월시Chad Walsh의 『C. S. 루이스: 회의론자 사도』C. S. Lewis: Apostle the Skeptics는 루이스의 기독교 변증을 연구한 오래전에 나온 연구서로서, 1930년대나 1940년대에 나온 작품들만 다루고 있지만 루이스의 인물 연구 및 문서 선교 활동을 연구한 뛰어난 연구서다.

○ 채드 월시의 『C. S. 루이스의 자유 유산』The Liberty Legacy of C. S. Lewis는 루이스가 문학을 어떻게 활용했으며 어떤 문학적 기교를 구사했는가에 대해 연구한 자극적 연구로서, 특히 루이스가 기독교 신앙을 변호할 때 어떻게 상상력에 호소하고 있는가를 잘 설명했다.

독자를 위한 제언

이 책에 소개된 사상가들의 삶이나 그들의 사상을 흥미롭게 읽은 사람이라면 그 관심을 계속 살려 가기 위해 어떤 책들을 읽어야 할까 망설일지 모른다. 그런 이들을 위해 세 가지 제안을 해 본다.

첫째, 여기 소개된 인물뿐만 아니라 다른 기독교 사상가들에 대해 더 읽고 싶다면, 일단 20세기의 사상가 가운데 이 목록에 덧붙여 볼 만한 사람은 프란시스 쉐퍼Francis Schaeffer다. 특히 기독교와 현대 서양 문화와의 관계에 대해 쓴 그의 글들은 여러 사람들이 뛰어난 것으로 인정하고 있다. 아니면 친구들에게 어떤 기독교 사상가들이 아주 도움이 되었는가를 물어봐도 좋을 것이다. 그 질문을 하면서 왜 그렇게 도움이 되었는가를 물어보는 것도 좋겠다.

둘째, 이 책에서 소개한 작가들에 대해 더 깊이 알아보는 것도 좋다. 지금쯤 그들에 대해 낯이 익었을 테니 그들이 쓴 작품 가운데 다른 주제들을 살펴보면 그 새로운 주제에 대해 새로운 자극을 받게 되어 유익할 것이다. 많은 독자에게 관심이 될 만한 두 가지 주제를 들어 본다면, 악의 문제(아우구스티누스와 C. S. 루이스가 특히 잘 다루었다)와 신자와 세속 사회와의 관계(아우구스티누스, 칼뱅, 바르트 등이 다루었다) 같은 주제들이다. 각 장 끝에 적어 둔 '더 읽어 볼 자료'를 찾아 읽어 본다면 그 사상가들이 다루고 있는 다른 주제들을 접하게 되므로 관심 있는 주제라면 계속 찾아가며 읽어 보면 되겠다.

셋째, 이 책을 읽으면서 접하게 된 기독교 사상의 한 영역을 깊이 공부해 보고 싶다면 그 영역에 대한 관심을 심화시켜 보는 것도 좋다. 현재 당신의 수준에서 다뤄 볼 만한 세 가지 영역을 소개한다. 물론 이 세 영역에 대해서는 많은 훌륭한 입문서들이 나와 있다. 첫째, 그리스도의 인격에 관한 교리(기독론), 둘째, 그리스도의 사역에 관한 교리(구원론 혹은 속죄론), 셋째, 신론이 그것이다(신론에 대해서는 특히 삼위일체 교리). 이 세 영역 가운데 어느 것이라도 한 가지를 택해 공부해 보면 당신의 신앙이 강건해질 뿐 아니라 기독교적 사고에 새로운 깊이가 더해질 것이다.

더 읽어 볼 자료

- 프란시스 쉐퍼는 많은 저술을 남긴 기독교 사상가다. 상당수의 작품이 '전집: 기독교 세계관'Complete Works: A Christian Worldview이라는 다섯 권짜리 전집에 수록되어 있다. 그의 작품 가운데 특별히 관심을 끄는 것은 『이성에서의 도피』Escape From Reason, 생명의말씀사와 『기독교와 현대 사상』The God Who is There, 성광문화사이다. 이 두 작품은 단행본으로도 구입이 가능한데, 전집에서는 제1권에 들어 있다. 쉐퍼의 기독교 세계관의 여러 측면을 설명하며 큰 도움이 되는 입문서로 로널드 루제거Ronald W. Ruegsegger 등 여러 사람이 쓴 논문을 모은 『프란시스 쉐퍼 연구』Reflections on Francis Schaeffer가 있다.

- 악의 문제는 여러 작품이 다루고 있는데, 에반스^{G. R. Evans}의 『악에 대한 아우구스티누스의 견해』^{Augustine on Evil}는 아우구스티누스의 사상을 전체적으로 조망하는 가운데 아우구스티누스가 악의 문제를 어떻게 논했는지 분석한 책이다. C. S. 루이스의 『고통의 문제』는 이 주제를 다룬 탁월한 역작이다.
- 신앙과 세속 사회의 관계에 대해 공부하려면 다음의 책을 보라. 로버트 마르쿠스^{Robert A. Markus}의 『새큘럼: 아우구스티누스 신학에서 역사와 사회』^{Saeculum: History and Society in the Theology of St. Augustine}. 이 책은 교회와 정치 및 정치 구조 등의 관계에 관한 아우구스티누스의 사상을 논한 수준 높은 독자들을 위한 책이다. 읽다 보면 꽤 어렵다고 생각할 수 있겠으나 그만한 노력을 들여도 결코 아깝지 않은 책이다.
- 하로 회플^{Harro Höpfl}의 『장 칼뱅의 기독교 정치』^{The Christian Polity of John Calvin}는 기독교 신앙이 사회 및 정치 구조 속에서 어떻게 표현되어야 하는가에 대한 칼뱅의 견해를 정리한 명저다. 제네바에서의 칼뱅에 초점을 맞춰 쓴 이 책은 칼뱅이 당시의 독특한 역사적 상황과 복음을 어떻게 접맥시키려 했는가를 잘 보여 준다.
- 기독론 분야(예수 그리스도의 인격에 대한 연구)에 대해서는 다음과 같은 입문서로 시작하면 좋다. 알리스터 맥그래스의 『예수 이해』^{Understanding Jesus}와 같은 책이다. 일단 이런 책을 보면서 기본 개념들에 익숙해지면 다음 책들을 보며 사상을 심화시킬 수 있다. 모울^{C. F. D. Moule}의 『기독론의 기원』^{The Origins of Christology}은 계몽주의 시대부터 현대에 이르는 동안 독일어권에서 기독론이 어떻게

발전되어 왔는가를 서술했는데, 그 주요 발전 단계를 잘 정리해 놓았다.

- 그리스도의 사역에 대한 분야 역시 맥그래스의 『예수 이해』 같은 입문서부터 시작하면 된다. 그러나 기독교 사상의 매우 중요한 분야인 이 주제에 대해 좀더 공부하고 싶은 사람들에게는 존 스토트^{John Stott}의 『그리스도의 십자가』^{The Cross of Christ, IVP}가 아주 이상적인 작품이다. 이 책은 예수 그리스도의 죽음이 갖는 의미를 분석한 수작이다.
- 신론에 대한 공부는 알리스터 맥그래스의 『삼위일체 이해』^{Understanding the Trinity} 같은 입문서를 보면서 시작하면 쉽게 접근할 수 있다. 이 주제에 대해 더 수준 높은 작품을 원한다면 탐 스마일^{Tom Smail}의 『잊혀진 아버지』^{The Forgotten Father}(하나님의 아버지 되심에 대해 쓴 놀라운 연구서)나 로널드 내쉬^{Ronald H. Nash}의 『하나님 개념』^{The Concept of God}(신론의 여러 측면을 다루면서 몇 가지 현대적 물음들을 묻고 분석해 나간 분석서), 또는 캘빈 베이즈너^{E. Calvin Beisner}의 『세 인격의 하나님』^{God in Three Persons}(삼위일체 교리의 역사를 잘 정리한 책이다) 등의 책을 보라.

참고 도서

주요 자료

Karl Barth, *The Epistle to the Romans*. Translated by Edwyns C. Hoskyns (Oxford: Oxford University Press, 1968).

_____, *Church Dogmatics* (13 vols: Edinburgh: Clark, 1956-1975).

_____, *Evangelical Theology* (London: Weidenfeld & Nicholoson, 1968).

John Calvin, *The Institutes of the Christian Religion*. Translated by F. L. Battles (2 vols: Londo: SCM Press, 1961). 『기독교 강요』(CH북스).

Jonathan Edwards, *Works* (2 vols: Edinburgh: Banner of Truth, 1974).

_____, *Works* (7 Vols: New Haven: Yale University Press, 1957-1985).

C. S. Lewis, *Mere Christianity* (London: Geoffrey Bles, 1952). 『내가 믿는 기독교』(대한기독교출판사)

_____, *Miracles* (London: Geoffrey Bles, 1947 ; new edition, London: Fontana, 1960).

_____, *The Problem of Pain* (London: Geoffrey Bles, 1940).

_____, *The Screwtape Letters* (London: Geoffrey Bles, 1942). 『스크루테이프의 편지』(홍성사).

_____, "The Weight of Glory", in *Screwtape Proposes a Toast* (London Fontana, 1970), pp. 94-110.

Francis Schaeffer, *Escape from Reason* (London: Inter-Varsity Press, 1968). 『이성에서의 도피』(생명의말씀사).

_____, *The God Who is There* (London: Hodder & Stoughton, 1968). 『기독교와 현대 사상』(성광문화사).

_____, *Complete Works: A Christian Worldview* (5 vols: Westchester, Ill. Crossway, 1982).

보조 자료

Roland H. Bainton, *Here I Stand: A Life of Martin Luther* (Tring: Lion Publishing, 1985). 『마르틴 루터의 생애』(생명의말씀사).

F. L. Battles, "God Was Accommodating Himself to Human Capacity", *Interpretation* 31 (1977), pp. 19-38.

E. Calvin Beisner, *God in Three Persons* (Wheaton, Ill.: Tyndale Press, 1984).

Nigel Biggar, (ed.), *Reckoning with Barth* (Oxford: Mowbray, 1988).

Gerald Bonner, *Augustine of Hippo: Life and Controversies* (Norwich: Canterbury Press, revised edition, 1986).

Gerald Bray, Creeds, *Controversies and Christ* (Leicester: Inter-Varsity Press, 1984).

G. W. Bromiley, *An Introduction to the Theology of Karl Barth* (Edinburgh: Clark, 1980).

Colin Brown, *Philosophy and the Christian Faith* (Leicester: Inter-Varsity Press, 1986). 『철학과 기독교 신앙』(기독교문서선교회).

Peter Brown, *Augustine of Hippo: A Biography* (London: Faber, 1967).

Eberhard Busch, *Karl Barth: A Biography* (London: SCM Press, 1976).

Henry Chadwick, *The Early Church* (Harmondsworth: Penguin Books, 1967). 『초대교회사』(기독교문서선교회).

_____, *Augustine* (Oxford: Oxford University Press, 1986).

F. C. Coplestone, *Aquinas* (Harmondsworth: Penguin, 1967). 『토마스 아퀴나스』(성바오로출판사).

G. R. Evans, *Augustine on Evil* (Cambridge: Cambridge University Press, 1980).

_____, *Anselm* (London: Geoffrey Chapman Publishers, 1989).

Alexandre Ganoczy, *The Young Calvin* (Edinburgh: Clark, 1988).

Roger L. Green, and Walter Hooper, *C. S. Lewis: A Biography* (London: Collins, 1974).

William Griffin, *C. S. Lewis: The Authentic Voice* (Tring: Lion Publishing, 1986).

Egli Grislis, "Calvin's Use of Cicero in the Institutes I: 1-5-A Case Study in

Theological Method", *Archiv für Reformationsgeschichte* 62 (1971), pp. 5-37.

R. P. C. Hanson, *In Search of the Christian Doctrine of God: The Arian Controversy 318-381* (Edinburgh: Clark, 1988).

Harro Höpfl, *The Christian Polity of John Calvin* (Cambridge: Cambridge University Press, 1982).

Robert W. Jenson, *Alpha and Omega: A Study in the Theology of Karl Barth* (New York: Nelson, 1963).

_____, *America's Theologian: A Recommendation of Jonathan Edwards* (New York: Oxford University Press, 1988).

James M. Kittelson, *Luther the Reformer: The Story of the Man and His Career* (Leicester: Inter-Varsity Press, 1989).

Walter von Loewenich, *Martin Luther: The Man and His Work* (Minneapolis: Augsburg Publishing House, 1986).

Bernhard Lohse, *Martin Luther: An Introduction to His Life and Work* (Philadelphia: Fortress Press, 1986).

Alister E. McGrath, *Luther's Theology of the Cross: Martin Luther's Theological Breakthrough* (Oxford / New York: Basil Blackwell, 1985).

_____, *Understanding Jesus* (Eastbourne: Kingsways, 1986).

_____, *Understanding the Trinity* (Eastbourne: Kingsway, 1986).

_____, *The Making of Modern German* Christology (Oxford/New York: Basil Blackwell, 1986).

_____, *The Enigna of the Cross* (London: Hodder & Stoughton, 1987).

_____, *Justification by Faith: An Introduction* (Grand Rapids: Academie, 1988).

_____, *Reformation Thought: An Introduction* (Oxford/New York: Basil Blackwell, 1988).

R. A. Markus, *Saeculum: History and Society in the Theology of St Augustine* (Cambridge: Cambridge University Press, 1970).

Perry Miller, *Jonathan Edwards* (New York: Sloane, 1949).

Jürgen Moltmann, *The Crucified God: The Cross of Christ as the Foun-*

dation and Criticism of Christian Theology (London: SCM Press, 1974). 『십자가에 달리신 하나님』(한국신학연구소).

C. F. D. Moule, *The Origin of Christology* (Cambridge: Cambridge University Press, 1978).

Iain H. Murray, *Jonathan Edwards: A New Biography* (Edinburgh: Banner of Truth, 1988).

Ronald H. Nash, *The Concept of God* (Grand Rapids: Zondervan, 1988).

T. H. L. Parker, *Karl Barth* (Grand Rapids: Eerdmans, 1970).

_____, *John Calvin* (Tring: Lion Publishing, 1977). 『존 칼빈의 생애와 업적』(생명의말씀사).

E. Persson, *Sacra Doctrina: Reason and Revelation in Aquinas* (Oxford: Basil Blackwell, 1970).

G. R. Potter, *Zwingli* (Cambridge: Cambridge University Press, 1976).

Menna Prestwich, (ed.), *International Calvinism 1541-1715* (Oxford: Oxford University Press, 1985).

Richard L. Purtill, *C. S. Lewis's Case for the Christian Faith* (San Francisco: Harper & Row, 1985).

Ronald W. Ruegsegger, (ed.), *Reflections on Francis Schaeffer* (Grand Rapids: Academie, 1986).

Tom Smail, *The Forgotten Father* (London: Hodder & Stoughton, 1980).

W. P. Stephens, *The Theology of Huldrych Zwingli* (Oxford: Oxford University Press, 1986).

Chad Walsh, *C. S. Lewis: Apostle to the Sceptics* (New York: Macmillan, 1949).

_____, *The Literary Legacy of C. S. Lewis* (London: Sheldon Press, 1979).

François Wendel, *Calvin: The Origins and Development of His Religious Thought* (London: Collins, 1953). 『칼빈의 신학서론』(기독교문화사).

Keith E. Yandell, *Christianity and Philosophy* (Leicester: Inter-Varsity Press, 1984). 『기독교와 철학』(엠마오).

옮긴이 신재구는 연세대학교에서 영어영문학을 전공했으며, 한국기독학생회(IVF) 간사로 사역한 후, 호주 시드니 무어 신학교에서 목회 훈련을 받았다. 한인 2세들을 위한 대학생 사역을 했고, 귀국한 후 수년간 목회했다. 지금은 시드니의 맥쿼리앵글리칸 교회에서 사역하고 있다. 옮긴 책으로 『IVP 성경배경주석』 『소그룹 운동과 교회 성장』 『20세기 신학』 『예수님의 제자훈련』(이상 IVP), 『제임스 패커의 생애』(CLC) 등이 있다. 블로그 '사이와 경계'(https://blog.naver.com/blogbetween)를 운영하고 있다.

하나님을 사랑한 사상가 10인

초판 발행_ 1992년 2월 15일
초판 14쇄_ 2009년 4월 10일
개정판 발행_ 2021년 6월 25일

지은이_ 알리스터 맥그래스
옮긴이_ 신재구
펴낸이_ 정모세

펴낸곳_ 한국기독학생회출판부
등록번호_ 제313-2001-198호(1978.6.1)
주소_ 04031 서울시 마포구 동교로 156-10
대표 전화_ (02)337-2257 팩스_ (02)337-2258
영업 전화_ (02)338-2282 팩스_ 080-915-1515
홈페이지_ http://www.ivp.co.kr 이메일_ ivp@ivp.co.kr
ISBN 978-89-328-1840-5

ⓒ 한국기독학생회출판부 2011, 2021

책값은 뒤표지에 있습니다.
무단 전재와 복제를 금합니다.